과학×상상력 충전 프로젝트

곽재식의 괴물 과학 수사대 3

글쓴이 **곽재식**

공학 박사이자 SF 소설가, 숭실사이버대학교 환경안전공학과 교수. 한국 전통 괴물들을 소개한 《한국 괴물 백과》《괴물, 조선의 또 다른 풍경》, 과학 논픽션《지구는 괜찮아, 우리가 문제지》《그래서 우리는 달에 간다》《휴가 갈 땐, 주기율표》, 어린이를 위한 동화《고래 233마리》, 청소년 논픽션《곽재식의 미래를 파는 상점》《괴물 과학 안내서》, 소설《빵 좋아하는 악당들의 행성》《ㅁㅇㅇㅅ》등 수많은 책을 썼습니다. '김영철의 파워FM' 등 여러 방송에서 "얼마나 신기합니까!"라고 외치며 과학 지식을 바탕으로 세상의 모든 호기심을 집요하게 파헤치고 있습니다.

글쓴이 **강민정**

재미있는 이야기를 쓰는 데 온 열정을 쏟는 동화 작가. 2017년《환상 해결사》로 제2회 No. 1 마시멜로 픽션 우수상을 받았습니다. 우리 옛이야기 소재를 담은 참신한 판타지로 열렬한 팬 층을 확보한 〈환상 해결사〉 시리즈를 계속 이어 가고 있습니다.

그린이 **박그림**

만화가이자 일러스트레이터. 이상하고 아름다운 만화를 만들어 왔습니다.

곽재식·강민정 글 | 박그림 그림

과학×상상력 충전 프로젝트

곽재식의 괴물 과학 수사대 3

한국 괴물의 부활

위즈덤하우스

괴물의 정체를 추적하고 파헤치는 사람들의 이야기

무섭고 이상한 이야기, 알 수 없는 괴물에 관한 소문은 우리를 궁금증과 호기심에 빠지게 만듭니다. 바로 거기에 재미의 뿌리가 있기에, 괴물 이야기를 즐기는 가장 멋진 방법은 그 이상한 대상의 정체가 무엇인지 추측하고 상상해 보는 것이라고 생각합니다. '그건 그냥 전설로 내려오는 사나운 괴물이야.'라는 말을 그대로 받아들인다면 괴물 이야기가 품은 신비하고 짜릿한 재미를 놓치게 됩니다. 새로운 상상, 새로운 과학 기술을 이용해서 괴물의 정체를 다각도로 밝혀 보면, 괴물 이야기는 더욱 풍부해집니다. 괴물 이야기가 유행하고 있는 사회의 모습이 드러나기도 하고, 괴물 이야기가 사람들에게 퍼져 나갈 수 있었던 다양한 조건에 대해서도 관심을 가져 볼 수 있습니다.

이 책에서는 바로 그렇게 괴물 이야기를 가장 깊게 즐길 수 있도록, 괴물의 정체를 추적하고 파헤치는 사람들의 이야기를 담아 보았습니다. 어린이들이 옛 기록에 짤막하게 등장한 괴물을 신나는 모험 속에서 다채롭게 경험할 수 있는 책을 만들고자 노력했습니다. 지금 그 노력의 결과를 보니, 저는 상당히 훌륭하다고 감히 평하고 싶습니다. 함께 애써 주신 강민정 작가님께 특별한 감사의 말을 덧붙입니다.

곽재식

읽는 즐거움!
상상하는 즐거움!

저는 전래 동화를 좋아하는 아이였습니다. 그중에서도 특히 괴물이 등장하는 오싹오싹한 전래 동화를 좋아했어요. 〈은혜 갚은 까치〉에 나오는 '사람으로 변신하는 구렁이', 밤마다 동물의 간을 빼먹는 무시무시한 '여우 누이'……. 이야기 속 괴물들은 어쩌면 이렇게 신기하고 매력적일까요? 저는 그 괴물들이 등장하는 다른 이야기를 상상해 보곤 했습니다. 변신 구렁이가 복수에 성공하는 이야기, 여우 누이가 '간을 먹어야만 하는 운명'을 벗어나기 위해 노력하는 이야기를 말이에요. 이런 끝없는 상상들이 오늘날 저를 작가로 만들어 주었습니다.

괴물 이야기는 어린이들에게 읽는 즐거움과 상상하는 즐거움을 알려 줍니다. 어린 시절의 제가 그랬듯, 새로운 괴물 이야기를 만들면서 끝없이 사고를 확장시키도록 도와주죠.

이번에 《곽재식의 괴물 과학 수사대》를 작업하면서 꼭 어린 시절로 돌아간 느낌이었습니다. 그때는 몰랐던 새로운 '한국 괴물'을 알게 되면서 설렜어요. 괴물 이야기를 과학의 시선으로 살펴볼 수도 있어서 흥미로움이 더욱 커졌지요. 분명 이 책을 읽고 자신만의 괴물 이야기를 만들 친구들이 있으리라 생각합니다. 여러분의 특별한 괴물 이야기를 기대합니다!

강민정

박다희

초등학교 6학년생이자 특별수사청 괴물 팀의 특수 능력자 대리인. 과학적이고 논리적인 생각을 바탕으로 날카로운 질문을 던진다.

이아영

특별수사청 괴물 팀 수사관. 괴물에 관한 거라면 물불 가리지 않고 달려들지만, 귀신은 무서워한다. 따뜻한 마음으로 괴물을 수사한다.

최기원

특별수사청 정보 지원 팀의 연구원. 차분하고 세심하다. 괴물 사건 해결에 필요한 자료를 누구보다 빠르게 찾아 준다.

차례

괴물 신인 탄생
헤,
딩동!
왔어요!

드디어!
아, 기다리고 기다리던~.
언니, 빨리 열어 봐요!!
네네!
우아, 반짝거리는 것 좀 보세요!!
이걸 내가 갖게 되다니!

이루다 응원 봉!

사랑해요, 이루다! 좋아해요, 이루다!!
리세기 최고의 아이돌!! 천재 배우, 천재 아티스트, 이루다!!!

드디어 콘서트에 응원 봉을 들고 갈 수 있어요!!
매번 품절이던 걸 이렇게 손에 들다니!
룰루랄라~!
오예, 오예!
다음 동영상
소름
괴물 신인이 아니라 진짜 괴물?
따르릉.
네, 특별수사청 괴물 팀 이아영입니다.

네? 뭐라고요?
왜요, 아영 언니?
그, 그게…
저희가 이루다를
조사해야 한다고….
네?

왜 우리가 루다를 조사해야 하죠?
이루다가 뭐가 수상해요!!
의뢰인 쪽이 훨씬 수상하다 해요!!
다, 다희 님, 전화
아직 안 끊겼어요!!
여보세요? 네?!
의뢰하신 게
대통령님이라고요!!!

사건 파일 1 사각승선

유명 아이돌의 숨겨진 정체는?

"네? 뿔이요? 아니, 그런 헛소리를 왜 조사해야 하는 거예요? 당연히 루머죠."

전화를 받은 아영이 투덜거렸다. 하지만 휴대폰 너머의 배치 담당 직원은 아영의 볼멘소리를 전혀 들어 주지 않았다.

대통령께서 직접 의뢰한 거라서 어쩔 수 없어요. 헤센티아 왕국의 공주가 이루다의 팬이라 해외 순방에 함께 가기로 했는데, 소속사에 뿔 루머를 문의해도 전혀 해명을 안 하는걸요. 확인되지 않은 소문이 있는 사람을 대한민국을 대표하게 할 순 없어요.

"하지만 사각승선이라니! 그야말로 코미디라고요. 무슨 드라마나 웹툰도 아니고 요즘 시대에 아이돌이 괴물이라니, 그게 말이나 되나요?"

사각승선. 그건 뿔이 네 개 달린 괴물이라는 소문 때문에 오래전부터 이루다를 따라다니던 별명이었다.

사각승선이라는 말은 《고려사절요》에 나온다.

1169년 금나라가 고려에 양 2000마리를 선물로 줬는데, 그중 뿔이 네 개

달린 양이 있었다. 이걸 본 고려 신하 이공승이 좋은 징조라며 뿔이 네 개 달린 양을 칭송하는 글을 지어 임금에게 바쳤다. 그런 이공승의 행동은 다른 사람들에겐 별것도 아닌 걸 핑계 삼아 임금에게 아부하는 걸로밖에 보이지 않았고, 사람들은 그때부터 이공승을 뿔 넷 달린 양을 칭송하는 벼슬아치라는 뜻인 사각승선이라고 부르며 조롱했다.

즉, 진짜 괴물은 아니고 단지 아부가 심한 사람을 조롱하는 말인 것이다. 하지만 뿔 네 개인 양이라는 내용이 뿔 네 개 달린 괴물이라는 이루다의 소문과 맞아떨어져서 안티 팬들은 이루다에게 사각승선이라는 별명을 붙여 조롱했다. 이런 허무맹랑한 소문을 조사하라니, 다희도 아영도 내키지 않았다. 그렇지만 특별수사청은 단호했다.

말도 안 되는 거 알아요. 그러니까 이루다가 괴물이 아니라는 증거를 가져오세요.

배치 담당 직원은 냉랭한 목소리로 지시한 뒤 전화를 끊어 버렸다. 어이가 없고 또 기분이 상해서, 다희와 아영은 한참 동안 끊어진 휴대폰만 바라보았다.

사실 이루다에게 이상한 점이 없는 건 아니었다. 이루다는 데뷔부터 지금까지 단 한 번도 모자를 벗고 대중 앞에 나온 적이 없었다. 심지어 수영복 화보 촬영을 할 때조차도 항상 모자를 쓰고 있었다. 그래서 팬들은 맨머리를 보여 주기 싫은 사정이 있을 거로만 추측하고 있었다. 그러던 어느 폭풍우 치는 날, 이루다가 쓰고 있던 모자가 바람에 날아갔고, 그 순간을 사생 팬이 포착해 인터

아이돌 괴물 루머 사건

사건 개요

유명 아이돌 이루다가 뿔 네 개 달린 괴물이라는 소문이 퍼짐.

제보 내용

- 이루다는 야구 모자처럼 머리에 딱 달라붙는 것이 아니라 머리 위로 봉긋 솟는 모자만 써요. 그 이유가 뭐겠어요. 머리에 뭔가를 감추고 있다는 뜻이죠.
- 이루다가 모자를 벗은 모습을 한 번도 본 적 없잖아요. 그런데 폭풍우 치는 날, 이루다가 쓰고 있던 모자가 날아간 거예요. 드디어 이루다의 맨머리를 보겠구나 싶어 사진을 찍었는데, 이루다의 머리에 뿔 같은 게 네 개 보였어요.

Sign in

Password

신뢰도

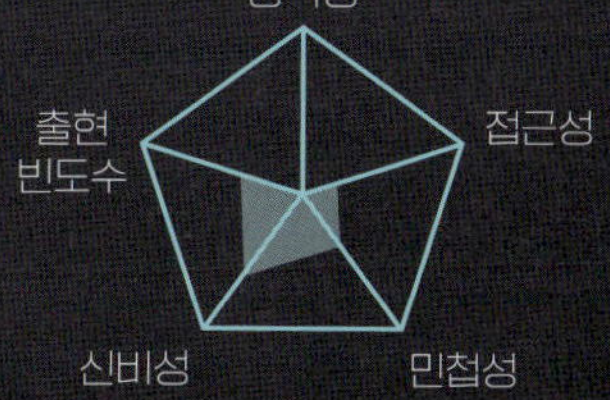

피해자

◆ 이루다 팬들

이루다가 괴물이라는 소문을 퍼트리는 안티 팬들과 밤낮으로 싸우느라 학업과 생업에 영향을 받음.

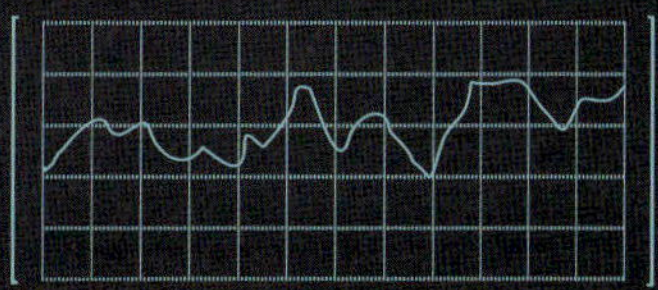

넷에 사진을 올렸다. 아주 멀리서 찍힌 사진이라 정확하진 않았지만, 이루다의 머리에 뿔 같은 무언가가 네 개 보였다. 그때부터 이루다가 뿔이 넷 달린 괴물 혹은 외계인이라는 소문이 일파만파 퍼진 것이다.

"도대체 이루다는 왜 항상 모자를 쓰고 있을까요? 그리고 그때 찍힌 뿔 같은 건 정말 뭘까요?"

조사하다 보니 다희와 아영도 점점 더 궁금해졌다. 그러나 아무리 문의해도 이루다의 소속사는 묵묵부답이었다. 두 사람이 머리를 써서 알아내는 수밖에 없었다. 골똘히 고민하던 아영이 한 가지 방법을 내놓았다.

"24시간 쫓아다녀 볼까요? 폭풍우 쳤던 그날처럼 모자가 벗겨지는 순간이 있을지도 몰라요."

"그런 사생 팬 같은 짓을 할 순 없어요. 이루다도 사생 팬 때문에 만날 힘들다고 한걸요. 그리고 어차피 쫓아다니는 사람이 너무 많아서 관찰하기도 어려울 거예요."

"하지만 쫓아다니지 않는다면 어떻게 이루다의 머리를 확인한단 말이에요!"

두 사람 사이에 무거운 침묵이 감돌았다. 한참을 끙끙대며 고민하던 다희가 좋은 생각이 떠오른 듯 흥분하며 말했다.

"건강 검진! 건강 검진을 받게 하는 거예요. 머리 엑스레이 사진을 찍게 하고, 그 사진을 입수하면 되죠. 정말 뿔이 있다면 엑스레이 사진에 나올 거예요."

엑스선을 인체에 투과시켜 내부를 볼 수 있는 엑스레이 사진은 건강 검진 때 빠지지 않고 찍는 거였다. 만약 이루다가 정말 뿔이 있고, 그 뿔이 머리뼈가 변형되어 생긴 거라면 엑스레이 사진으로 볼 수 있을 게 분명했다. 하지만 이 방법 또한 아영의 퇴짜를 맞았다.

"아니, 정기 건강 검진 때도 아니고 갑자기 무슨 수로 머리 엑스레이 사진을 찍게 하겠어요. 그리고 제대로 된 의사라면 엑스레이 사진 같은 환자의 개인 정보를 우리에게 넘길 리가 없어요."

"그건 그렇죠. 하지만 그런 것 말고는 도무지 떠오르는 방법이 없는데……."

한참을 고민하던 다희는 저도 모르게 머리를 벅벅 긁었다. 문득 머리가 많이 길었다는 생각이 들었다.

'미용실에 가야 할 때가 됐나?'

그때 좋은 생각이 다희의 머리에 벼락처럼 내리꽂혔다.

"미용실! 이루다가 가는 미용실에 가요! 이루다도 미용실에서는 모자를 벗을 게 분명해요. 그러면 이루다의 맨머리를 볼 수 있겠죠."

"맞아요, 미용실!"

두 사람은 서둘러 정보 지원 팀에 전화해서 이루다가 가는 미용실을 조사해 달라고 했다.

이루다가 다니는 미용실은 서울 마포구에 있는 초고급 미용실 프라이빗 살롱이었다. 인터넷에서 프라이빗 살롱의 가격을 찾아본 다희와 아영은 잠깐 기절할 뻔했다. 평소 두 사람이 가던 미용실보다 열두 배 정도 비싼 터무니없는 값에 눈앞이 핑핑 돌 지경이었다. 다행히도 총무 팀에서 예산을 지원해 준다고 했다. 그러나 돈보다 더 큰 문제가 있었다.

죄송합니다. 기존 회원의 소개가 없으면 신규 등록이 어렵습니다.

"네에?"

예약하려고 했는데 칼같이 거절당하고 만 것이다. 유명인들이 잔뜩 다니는 미용실이라 보안을 위해서 어쩔 수 없다고 했다.

"어떡하죠?"

전화를 끊은 아영이 울상을 지으며 말했다. 미용실에서 자연스럽게 맨머리를 보는 것 말고 다른 좋은 방법은 없는 듯했다. 그래서 이제 둘은 프라이빗 살롱에 예약할 방법을 궁리하기 시작했다. 고민하던 아영의 머릿속에 문득 그럴듯한 생각이 떠올랐다.

'대한민국 국민이 누구나 알 만한 유명인이라면, 누군가의 소개 없이도 프라이빗 살롱에 갈 수 있지 않을까? 바로 우리에게 조사를 의뢰한 '대한민국 대통령' 정도라면!'

아영은 마른침을 한번 꿀꺽 삼킨 뒤, 결연한 표정으로 다희를 쳐다보았다.

"대통령 비서실에 전화를 걸어 봐야겠어요."

첩보 영화에서나 나올 법한 대사에 다희는 잠깐 가슴이 설레는 걸 느꼈다.

화창한 일요일 정오, 한 무리의 사람들이 고즈넉한 거리에 있는 미용실로 들어가고 있었다. 매서운 눈빛의 중년 여성과 그 여성을 호위하고 있는 경호원들이었다. 그 사이에서 유달리 눈에 띄는 경호원이 두 명 있었다. 바로 다희와 아영이었다. 다른 경호원들에 비해 키와 몸집은 작았지만, 둘 다 그런 것은 신경 쓰지 않았다. 마치 일류 경호원처럼 두 사람은 가슴을 활짝 펴고 날카로운 눈빛으로 대통령을 경호했다.

"대통령님, 방문해 주셔서 감사합니다!"

미용실 직원들의 환대를 받으면서도, 다희와 아영은 매서운 눈빛으로 주변을 살펴보았다. 이루다가 있나 확인하기 위해서였다. 정보 팀에서 조사한 바에 따르면, 이루다는 스케줄 세 시간 전에 늘 이 미용실에 와서 머리를 하고, 피부 관리와 화장을 받는다고 했다. 그래서 일부러 이루다가 올 시간에 맞춰 대통령도 예약을 했다. 그런데 아무리 봐도 이루다가 보이지 않았다.

'아아, 어떻게 예약한 미용실인데, 이대로 모든 게 헛수고가 되어 버리나.'

다희가 의기소침해지려는 찰나, 미용실 밖에서 소란스러운 소리가 들려왔다. 소리를 따라 고개를 돌려 보니, 창문 밖에 한 무리의 팬을 달고 오는 이루다가 보였다. 모자를 쓴 아이돌의 익숙한 모습에 다희와 아영의 얼굴에 화색이 돌았다.

"대통령님, 이쪽입니다."

그러나 아직은 기다려야 할 때였다. 대통령을 경호하면서 기다리다 보면, 모자를 벗은 이루다의 모습을 볼 수 있을 게 분명했다. 길고 긴 인내의 시간이 시작됐다.

한참 동안 보들보들 피부 관리와 조물조물 샴푸 따위를 받은 뒤 대통령은 미용실 의자에 앉았다. 미용사가 대통령의 젖은 머리를 열심히 말리고 있을 때, 옆자리에 누군가가 앉았다. 돌아보지 않아도 느껴지는 환한 존재감, 이루다였다. 그토록 이루다의 머리를 엿볼 기회를 노렸건만, 막상 기회가 오자 너무 긴장해서 다희와 아영은 차마 옆을 돌아보지 못했다.

'나의 아이돌이 바로 옆에 있다니!'

'쳐다봤다가 어색한 게 티 나면 어떡하지?'

그렇게 두 사람이 머뭇거리는 사이에 대통령이 먼저 움직였다. 대통령은 태연히 옆자리를 보더니, 자연스럽게 이루다에게 말을 걸었다.

"이루다 씨, 얘기 들었나요? 우리 같이 헤센티아 왕국에 가죠?"

"아, 네. 몹시 영광으로 생각하고 있습니다."

이루다도 자연스러운 미소와 함께 이야기를 받았다.

"저도 루다 씨와 같이 해외 순방을 가게 되어서 영광이에요. 기대도 되고요. 근데……."

대통령은 말꼬리를 흐리며 잠깐 이루다를 빤히 쳐다보았다. 그제야 다희와 아영도 대통령의 시선을 따라 이루다를 쳐다볼 수 있었다.

그런데…… 있었다. 정말 있었다. 이루다 머리에 뿔은 아니지만, 쇠뭉치 같은 게 네 개 박혀 있었다. 대통령과 다희, 그리고 아영의 눈길이 자신의 머리에만 머물러 있자, 이루다는 살짝 난처한 미소를 지었다. 그러더니 곧 별일 아니라는 듯, 네 개의 뿔에 관한 사연을 들려주었다.

"아하하, 이거요? 두뇌 임플란트예요."

"두뇌 임플란트?"

"생소하시죠? 그게 뭐냐면요……."

어릴 적 베란다에서 놀던 이루다는 그만 밖으로 떨어지고 말았다. 무려 4층 높이에서 떨어진 거였다. 다행히 목숨은 건졌지만, 뇌를 다쳐서 청력을 잃고 말았다. 어릴 때부터 아이돌을 꿈꾸던 이루다는 청력을 잃었다는 사실에 크게 절망했다. 듣지 못하면 노래도 못 하고, 춤도 출 수 없으니 말이다. 그런데 하늘이 무너져도 솟아날 구멍은 있다더니, 이루다는 운 좋게도 막 개발된 수술을 받게 되었다. 바로 두뇌 활동을 도와주는 컴퓨터 칩을 뇌에 심는 수술이었다. 그 수술을 통해 이루다는 다시 청력을 갖게 됐다. 다만 그 장치는 아직 완벽하지 않아서, 정기적으로 충전을 하고, 수리를 받아야 했다. 그래서 충전과 수리를 위한 단자를 머리에 심어야 했고, 그 단자가 네 개의 뿔처럼 머리 밖으로 튀어나온 것이다.

이렇게 생각보다 쉽게 사각승선 루머의 전말이 밝혀졌다. 이루다는 괴물이 아니었다. 과학과 의학의 힘으로 불편함을 극복하고

두뇌
임플란트

있는 한 명의 인간일 뿐이었다.

"그렇군요……."

담담하게 자신의 이야기를 전하는 이루다의 말을 듣고, 대통령은 차분히 고개를 끄덕였다. 이곳에서 차분하지 않은 건 다희와 아영뿐이었다. 자칫 방심하면 눈물이 나올까 봐, 필사적으로 눈에 힘을 주고 있었다.

다희와 아영은 잠깐 서로를 쳐다보았다. 팬의 입장과 경호원의 입장이 충돌했다. 그러나 곧 둘 다 누가 먼저라고 할 것 없이 주먹을 불끈 쥐고 이루다를 향해 입을 열었다. 먼저 아영이 시작했다.

"하지만 루다 님, 그런 사정이 있다면, 머리를 꼭꼭 숨기는 것보단 드러내는 것도 좋지 않을까요? 그편이 이상한 소문도 돌지 않고, 비슷한 사고를 겪은 사람이나 장애가 있는 사람에게 힘이 될 거예요."

"맞아요, 당장 치료가 힘든 사람도 포기하지 않고 계속 도전한 루다 님을 보고 힘을 낼 수 있을 거라고요!"

갑자기 경호원들이 말을 걸자, 이루다는 깜짝 놀란 표정을 지었다. 하지만 그것도 잠깐, 곧 두 사람의 이야기를 진지하게 생각하는 듯했다. 그렇게 몇 분이 지나고, 불안한 표정을 한 이루다는 멈칫거리며 질문했다.

"정말 그럴까요? 저는 혹시 사람들이 이상하게 생각하거나 싫어할까 봐……."

"그럴 리가 없지요. 저는 노력하는 모습이 이 세상에서 가장 아름답다고 생각합니다. 단 한 번이라도 진심으로 노력해 본 적 있는 사람이라면, 루다 씨의 진짜 아름다움을 알아봐 줄 거예요."

대통령도 이루다에게 용기를 주었다. 세 사람의 응원에 이루다는 밝게 웃으며 말했다.

"네, 용기 내 볼게요! 제 모습을 보고 함께 용기 낼 누군가가 있다면, 무엇이든 하겠어요. 원래 아이돌은 모두에게 희망을 주는 존재니까요!"

그 밝은 표정에 다희와 아영은 속으로 감동의 눈물을 흘렸다.

한 달 뒤 이루다의 콘서트장, 다희와 아영은 응원 봉을 흔들며 구호를 내지르고 있었다.

"사랑해요, 이루다! 좋아해요, 이루다!"

그날의 대화대로 이루다는 자신의 임플란트를 세상에 공개했

다. 그리고 청각 장애인을 위한 노래를 발표했다. 자신의 장애를 밝힌 이루다를 모두가 응원했다.

그 뒤 열린 콘서트에서 이루다는 보란 듯이 소뿔, 사슴뿔, 양뿔 모자를 쓰고 공연했다. 자신의 다른 점을 사각승선이라며 모욕한 사람들에게 당당하게 맞선 것이다.

"그 어떤 모습이라도 당신은 아름답습니다! 노력하는 당신을 응원합니다!"

이루다가 팬들을 향해 크게 소리쳤다. 팬들도 따라 소리쳤다.

"루다야, 우리도 너를 응원해!"

앞으로 널리 기억될 전설적인 이루다 콘서트 현장이었다.

뿔이 네 개 달린 양이 있다?

아부쟁이를 상징하는 짐승?

고려의 역사를 정리한 《고려사절요》 1169년 기록에는 금나라에서 고려에 양 2000마리를 선물로 주었는데, 그중 한 마리가 뿔 넷 달린 양이었다는 이야기가 나옵니다. 요즘에도 이처럼 뿔이 네 개 달린 양이 나타났다는 소식이 심심치 않게 들려옵니다. 주로 두 개의 뿔을 가진 양에게 네 개의 뿔이 달린 이유는 유전자의 돌연변이 때문이지요. 그러나 유전자를 분석할 수 없던 옛날에는 뿔 네 개 달린 양이 무척 기이하게 보였나 봅니다. 그것을 본 신하 이공승이 대단히 좋은 징조라며 엄청나게 화려한 글을 지어 임금 의종에게 바쳤거든요. 사람들은 이런 이공승을 네 개의 뿔이 달린 승선이라는 벼슬아치라는 뜻인 '사각승선'이라고 부르며 조롱했다고 합니다.

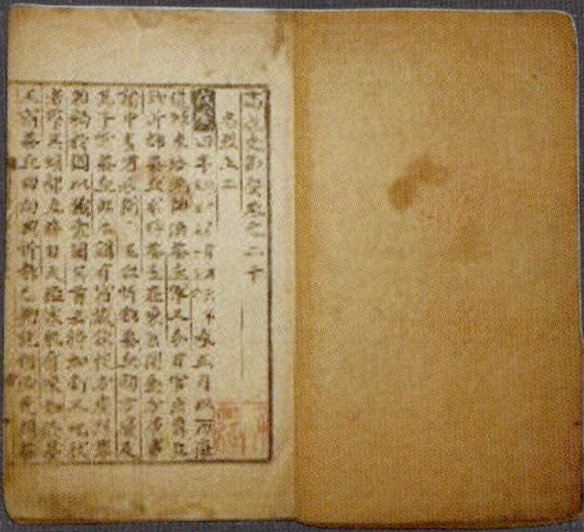

《고려사절요》 1169년 7월 미정
금(金)이 횡사사(橫賜使)로 부보랑(符寶郎) 도단회정(徒單懷貞)을 보내어 양 2000마리를 하사하였는데, 그중 한 마리는 뿔이 네 개였다. 추밀사(樞密使) 이공승(李公升)이 상서로운 동물이라고 하며 표문을 올려 하례하니 당시 사람들이 사각승선(四角承宣)이라고 조롱하였다.

즉, 사각승선은 보통 사람에게는 별것 아닌 것처럼 여겨지지만, 어떤 사람에게는 가치가 무척 높은 짐승을 뜻한다고 풀이할 수 있습니다. 한편으로는 윗사람에게 심하게 아부하는 것을 상징하기도 합니다.

아부쟁이로 조롱 받은 이공승은 나쁜 인물은 아니었던 것 같습니다. 이공승은 글 쓰는 재주가 뛰어나고, 청렴한 것으로 유명했거든요. 또 임금이 잘못된 행동을 하면 비판을 할 줄 아는 강직한 신하였습니다. 이런 배경을 봤을 때 다른 사람보다 신기한 생물에 주목했다는 이유로 조롱을 받은 이공승은 조금 억울했을 수도 있을 것 같습니다.

뿔이 많으면 좋을까?

머리 주변에 불쑥 튀어나와 있는 동물의 뿔은 대부분 다른 동물을 공격하거나 방어할 때 쓰입니다. 그렇기 때문에 단단하고 뾰족합니다. 동물의 뿔은 세 종류로 나눌 수 있습니다. 첫 번째 종류는 소와 양의 뿔입니다. 속은 텅 비어 있고, 겉은 손톱처럼 케라틴으로 덮여 있지요.

그리고 한번 자란 뿔로 평생을 삽니다. 두 번째는 사슴뿔입니다. 주로 수컷에게만 뿔이 있는데, 매년 자연적으로 탈락하고 새로 자랍니다. 그리고 나뭇가지처럼 갈라지지요. 첫 번째와 두 번째 종류의 뿔 모두 대부분 좌우로 한 쌍이 달립니다. 세 번째는 코뿔소의 뿔입니다. 코뿔소는 주로 코뼈 위에 하나의 뿔이 달려 있습니다. 피부가 변화해서 생긴 뿔은 섬유질로 차 있고, 사는 내내 자랍니다. 부러지면 다시 자라지요.

양의 경우 나이와 몸집에 따라 뿔의 크기도 달라집니다. 당연히 몸집이 클수록 뿔의 크기도 클 테고, 싸움에서도 이길 확률이 높겠지요. 그런 양이 높은 서열을 차지하고 있을 테고요. 이런 것을 봤을 때 뿔의 수보다는 얼마나 크고 강한 뿔을 가졌는지가 중요한 것 같습니다. 다만 보통은 한 쌍만 나는 뿔이 더 나는 것은 드문 일이기에 이공승은 좋은 징조로 여긴 것 같습니다. 기이한 일을 긍정적으로 바라본 이공승의 태도는 지금 우리도 본받을 만한 태도입니다.

코뿔소의 큰 뿔은 코뿔소의 목숨을 위협하기도 합니다. 장신구나 약재로 비싸게 팔려 밀렵꾼들이 코뿔소의 뿔을 노리고 있거든요.

호기심 과학 Q&A

양은 모두 뿔을 갖고 있나요?

가축 양

모든 양에게 뿔이 있지는 않아요. 양의 종류에 따라 암수 모두 뿔을 가진 경우도 있고, 수컷만 있는 경우, 그리고 암수 모두 없는 경우도 있지요. 암수 모두 뿔이 있는 경우 수컷의 뿔이 암컷의 뿔보다 크답니다. 우리가 주변에서 흔히 볼 수 있는 양은 가축 양으로 대부분 뿔이 없어요. 양은 양털과 고기, 젖을 얻을 수 있어 아주 오래전부터 사람에게 키워졌어요. 그러면서 점점 덩치가 작아지고, 성격도 온순하게 변했지요.

가장 큰 뿔을 가진 양은 어떤 종류인가요?

큰뿔야생양

대부분의 야생 양은 암수 모두 뿔을 갖고 있어요. 그중 가장 크고 멋진 뿔을 가진 양은 바로 큰뿔야생양이에요. 특히 수컷은 굵고 길며 스프링처럼 휘어진 뿔을 갖고 있는데, 수컷들은 이 뿔로 박치기하며 싸운다고 해요.

큰뿔야생양의 멋진 뿔을 직접 보고 싶다면 서울대공원으로 가 보세요. 우리나라에서 유일하게 큰뿔야생양을 볼 수 있는 곳이랍니다.

사건 파일 2 **지귀**

늦은 밤 소복을 입고 날아다니는 불귀신

志鬼心中火(지귀의 마음속에서 불이 나와서)

燒身變火神(제 몸을 태우고 불귀신 되었네)

流移滄海外(먼바다 밖으로 흘러 나가서)

不見不相親(보이지도 말고 오지도 말기를)

창고 안에 노란 종이가 산더미처럼 쌓여 있다. 그 종이는 그냥 종이가 아니었다. 한자 주문이 적힌 부적이었다. 그 앞에서 다희는 방방 뛰며 답답한 듯 가슴을 치고 있었다.

"이런 건 다 소용없어요. 이 세상에 지귀 같은 건 없다니까요!"

그러나 이번엔 아영도 지지 않았다. 헤실헤실 웃던 평소와는 다르게 버럭 소리를 질렀다.

"그래도 뭐라도 해 봐야죠. 당장 산에서 불이 나고, 동식물이 다 죽어나고 있는데, 이렇게 아무것도 안 하고 손 놓고 있을 순 없잖아요!"

"그래도 이건 아니에요. 종이 낭비, 돈 낭비, 행정력 낭비라고요!"

"다희 님, 말이 너무 심한 것 아니에요!"

"아영 언니야말로! 왜 이렇게 고집을 부려요!"

며칠 전, 특별수사청에 강원도에서 지귀가 나타난다는 신고가 접수됐다. 지귀가 나타난 뒤 주변 산에서 계속 불이 나 피해가 심각하다는 것이었다. 아영은 조선 시대의 백과사전《대동운부군옥》에서 지귀에 대한 기록을 찾았다.

옛날 옛적, 신라 시대에 지귀라는 남자가 있었다. 선덕 여왕을 짝사랑한 지귀는 어느 날 여왕의 행차 소식을 듣는다. 먼발치에서라도 여왕을 보기 위해 이른 아침부터 기다리던 지귀는 지쳐서 탑 아래에서 잠들고 만다. 여왕이 그런 지귀를 발견하고, 가엾게 여겨 지귀의 가슴 위에 팔찌를 두고 간다. 잠에서 깨 그 팔찌를 본 지귀는 마음에서 엄청난 불이 타올라 불귀신이 되었다고 한다.

그런 지귀가 21세기 대한민국에 다시 나타났다는 것이다.

"요즘 시대에 불귀신이라니, 그게 말이 되나요. 순진하다고 해야 할지, 아니면 상상력이 좋다고 해야 할지. 어른이나 돼서 다들 바보 같다니까요."

"또, 또 비꼬는 말. 말을 예쁘게 해야죠!"

다희는 못마땅한 듯 입을 비죽였지만, 잘못했다고 생각했는지 더는 말하지 않았다. 아영은 사건에 대한 설명을 계속했다.

"사람들이 지귀로 생각할 만한 이유가 있어요. 불이 난 곳 근처에서 소복을 입은 불귀신이 날아다녔다고 하거든요."

"불귀신이 날아다녔다고요?"

"네, 귀신은 늦은 밤, 지금처럼 자동차를 타고 지나가는 사람들 앞에 나타났대요."

두 사람은 아영의 덜컹거리는 고물 차를 타고 사건 현장으로 향하던 중이었다. 아직 정오라 시간은 맞지 않았지만, 그래도 귀신이 나타났다는 곳 근처를 지나고 있자니, 귀신을 믿지 않는 다희도 왠지 모르게 오싹한 기분이 들었다.

"밤에 소복을 입은 귀신이, 번쩍번쩍하면서 사방을 날아다녔대요. 그리고 그런 귀신이 목격된 뒤엔 높은 확률로 산불이 났고요."

사건 파일 2

산불을 일으키는 불귀신 사건

Sign in

Password

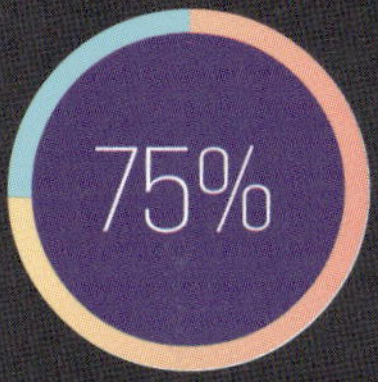

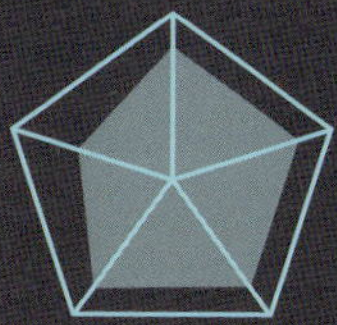

사건 개요

강원도 한 마을에서 늦은 밤에 불귀신이 나타나 산불을 일으킨다고 함.

제보 내용

- 밤에 자동차를 타고 산길을 지나가는데, 소복 입은 귀신이 번쩍번쩍하면서 날아다녔어요.
- 귀신을 봤다는 사람이 나온 날에는 마을 주변 산에서 불이 났어요.
- 마을 이름을 지귀 마을로 바꾼 다음부터 불이 나기 시작했어요. 사라졌던 지귀를 불러 불이 난 게 틀림없어요.

피해자

◆ 왕깜짝 씨(56세, 마을 주민)
밤에 산길을 운전하다 불귀신을 보고 깜짝 놀라 나무를 들이받음. 다행히 다치지는 않았지만, 자동차 앞 범퍼가 부서짐.

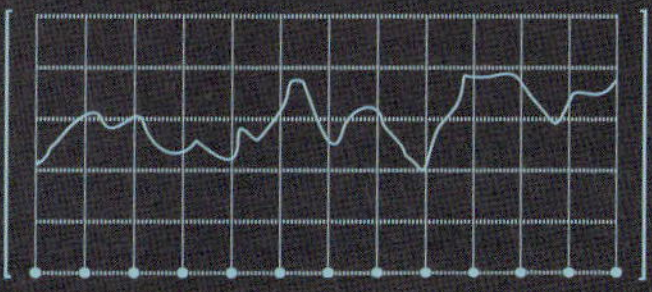

‘왜 사람들은 날아다니는 것을 불귀신이라고 생각한 걸까? 소복을 입고 날아다니는 귀신이라면, 보통 불귀신이라기보다는 처녀 귀신이라고 생각하지 않나?’

다희가 이런저런 의구심을 품으며 생각에 잠겨 있을 때, 저 멀리서 커다란 간판이 보였다. 간판에 쓰인 문구를 보자마자 다희는 저도 모르게 눈을 번쩍 뜨고 말았다.

“뭐야, 저게! 뭐 저런 환영 문구가 다 있어!”

마을 입구에 있는 커다랗고 요란한 간판엔 이렇게 적혀 있었다.

그걸 보고 나서야 다희는 왜 사람들이 산불을 불귀신의 장난으로 생각했는지 대번에 이해가 됐다. 바로 작년부터 이 마을에서 지귀 관광 사업을 시작했기 때문이었다.

예전부터 이 마을 사람들은 침체된 경기를 살리기 위해 관광 사업을 하고 싶었다. 그런데 아무리 눈을 씻고 찾아봐도 이 마을엔 전국 어디에나 있는 산과 들, 그리고 밭밖에 없었다. 그나마 관광 상품으로 내놓을 만한 건 사과인데, 사과도 다른 지방에 비해 엄청 유명한 것은 아니었다. 그걸 보러 관광객이 올 리가 없어서 고민하던 끝에 누군가가 묘수를 냈다.

이 마을은 선덕 여왕이 다스리던 시절 신라의 영토였다. 선덕 여왕 하면 유명한 게 무엇이냐, 바로 향기 없는 모란꽃 이야기와 지귀 전설이었다. 이미 유명한 꽃 축제는 많기에 이왕 일을 벌이는 거 어디에도 없는 관광 상품을 개발하자며 지귀를 주인공으로 내세운 것이다.

마을 이름부터 지귀 마을로 바꾸고, 마을 곳곳에 지귀와 관련된 다양한 볼거리를 만들었다. 지귀가 살았던 시대의 자료를 전시한 민속 박물관이나, 지귀 이야기를 모티브로 한 밀랍 인형 전시관 같은 것 말이다. 기념품도 엄청나게 만들었다. 선덕 여왕이 두고 간

팔찌, 지귀가 잠든 탑 열쇠고리, 은은하게 빛나는 지귀 수면등, 지귀가 사라진 바다 그림엽서……. 그리고 지귀를 기리는 사당을 만들어 제사를 지내고, 관광객에게 향도 올리게 했다. 거기에 향을 올리면 지귀가 짝사랑이 이뤄지게 도와준다는 소문까지 만들어, 작년에 꽤 많은 관광객이 왔다고 했다.

"지귀가 짝사랑하다 괴물이 됐는데, 거기다가 짝사랑 기도를 올린다고요? 그게 말이 돼요?"

관광 사업을 담당한 공무원이 들려준 설명을 듣고 다희가 기가 막힌 듯 말했다.

"아무튼 전부 다 장사가 잘됐어요. 그렇게 지귀 장사가 잘되던 와중에 원인을 알 수 없는 화재가 자꾸 발생하니, 괜히 잠든 불귀신 건드려 재앙을 받은 게 아니냐는 말들이 나오더라고요."

"하기야 지귀에게 제사를 올리다니, 산불이 나도 할 말이 없긴 하죠."

"으흠, 흠."

다희의 지적에 공무원이 민망한 듯 헛기침을 했다. 어쨌든 세 사람은 그렇게 지귀 이야기를 하면서 불이 났던 산을 오르고 있었다. 이른바 현장 검증이었다.

산 초입에는 푸르른 자연이 이어지다가, 산 중턱부터 산불 피해를 입은 지역이 나왔다. 산불이 휩쓸고 지나간 자리는 처참했다. 마치 아래쪽과는 전혀 다른 공간인 것처럼, 잿더미와 그을음만 남아 있었다. 타다 만 나무둥치와 까맣고 하얀 재가 가득했고, 그사이에 연기에 질식해 죽은 동물의 사체도 많이 보였다. 이 끔찍한 모습에 다희와 아영은 적잖이 큰 충격을 받았다. 참담한 기분에 누구도 쉽사리 말을 꺼내지 못했다. 그 침묵이 깨진 것은 산불이 시작된 장소에 도착했을 때였다.

"아무리 봐도 사람이 가긴 힘든 곳이네요."

불이 시작된 곳은 가파른 절벽 아래, 튀어나온 커다란 돌부리 위였다. 굳이 불을 내기 위해 저런 위험한 곳까지 내려갈 사람은 아무도 없을 터였다. 그렇지만 자연적으로 불이 났다고 보기도 어려웠다. 절벽 주위에는 불씨가 될 만한 것이 아무것도 없었기 때문이다.

"도대체 어떻게 불이 난 걸까요? 마른하늘에 날벼락이라도 떨어졌나."

"다희 님, 어쩌면 정말 지귀의 짓일지도 몰라요. 사람들 말처럼 사당을 지어 기도한 게 문제일지도요. 사라진 지귀가 다시 돌아온

것일지도 모른다고요!”

“아니, 그럴 리가 없죠!”

다희가 발끈하자, 아영도 지지 않고 말했다.

“하지만 아무리 봐도 사람이 낸 불도, 자연적으로 난 불도 아니잖아요. 불귀신의 짓 말고는 이걸 설명할 방법이 없지 않아요?”

"……."

다희는 아무런 대꾸도 하지 못했다.

'대체 이곳에서 어떻게 불이 시작된 거지?'

고민하는 다희의 눈에 저 멀리 서 있는 송전탑이 보였다.

"저 송전탑, 가끔 점검이나 수리도 하겠죠?"

"네, 정기적으로 하고 있어요."

담당 공무원의 대답에 다희는 옳다구나 하며 다시 물었다.

"그러면 혹시 저기에서 담뱃불이 날아왔을 가능성도 있지 않을까요? 기술자들이 수리하다가 저기에서 담뱃불을 버렸다면, 담뱃불이 바람을 타고 와 여기에 떨어졌을지도 몰라요. 그래서 돌부리 위에 쌓여 있던 마른 나뭇잎에 불이 붙었을지도 모르고요."

꽤 그럴듯한 가정이었다. 하지만 담당 공무원은 바로 고개를 저었다.

"저희도 그 생각을 했어요. 하지만 조사해 보니 불이 난 날엔 수리를 하지 않았더라고요. 그리고 담당 기술자들은 전부 담배를 피우지 않고요. 그러니까 담뱃불 때문에 산불이 난 건 아니에요."

"그렇군요……."

회심의 추리가 빗나가자 다희는 조금 기가 죽었다.

담당 공무원은 그런 다희의 눈치를 보면서 조심스레 말했다.

"여기 말고 다른 곳도 마찬가지예요. 요사이 산불이 세 번이나 났는데, 나머지 두 곳도 전부 사람의 발길이 닿을 수 없는, 또 주변에 불씨가 될 만한 걸 찾아볼 수 없는 곳이었어요. 그래서 특별수사청에 의뢰한 거예요. 정말 지귀의 짓이라면, 괴물 팀 분들이 해결해 줄 수 있을 거라고 생각해서요."

"그렇죠, 정말 지귀의 짓이라면 우리 괴물 팀이 해결해야죠."

아영은 진지한 표정으로 고개를 끄덕이더니 곧 나름의 해결 방안을 내놨다.

"그러면 전통적으로 가 보는 게 어떨까요?"

"전통적이라니, 그게 무슨 말씀이죠?"

"《대동운부군옥》에는 선덕 여왕이 주술사에게 주문을 짓게 해서 지귀를 쫓아냈다고 쓰여 있어요. 그 주문이 적힌 부적을 문이나 벽에 붙여 두면 불이 나지 않았다고요. 그 방법을 다시 쓰는 거예요. 정말 지귀의 짓이라면, 이 방법이 분명 효과가 있을 거예요."

"부적이라니요, 말도 안 돼요!"

다희가 크게 소리쳤다. 그러나 아영도, 담당 공무원도 그리고 마을 사람들조차도 모두 부적을 붙이는 것에 찬성했다. 정말 지귀가 다시 나타난 거라면, 먼 옛날 지귀를 부적으로 쫓아냈던 것처럼 지금도 부적으로 쫓아낼 수 있을 거라는 거였다. 그래서 다시 이야기는 처음으로 돌아가, 다희와 아영이 부적 때문에 툭탁거리며 싸우고 있는 것이다.

결국 다희는 수만 장의 부적을 온 산에 뿌리겠다는 계획을 막지 못했다. 부적을 효과적으로 뿌리기 위해 특별수사청에선 헬리콥터까지 지원해 주었고, 마을 사람들은 돈을 모아 부적 인쇄비를 마련해 주었다. 초전도체를 연구한다는 이 시대에 이게 대체 무슨 쓸데없는 짓인가 싶어 눈물이 날 지경이었지만, 이미 결정된 것을 다희 혼자 바꿀 순 없었다. 결국 다희는 입이 댓 발 나온 채로 부적을 뿌리러 가는 사람들 편에 섰다.

"아니, 그래도 밥은 먹고 가요. 점심시간인데……."

"다희 님, 그렇게 꾸물거릴 시간 없어요. 그러다 다시 산불이 나면 자연이 또 파괴되고, 죄 없는 동물들이 죽는단 말이에요! 얼른 헬리콥터에 타요. 정 배고프면 이거 하나 먹고요."

"웬 사과예요?"

"마을 주민분이 열심히 농사지은 사과예요. 빨간 게 참 예쁘죠?"

내키진 않았지만, 다희는 아영이 건넨 사과 한 알을 들고 헬리콥터에 올라탔다.

두두두두두두

귀청이 찢어질 듯한 날갯짓 소리와 함께 헬리콥터가 하늘을 향해 날았다. 다희는 열심히 부적 뿌릴 준비를 하는 어른들을 보며 부루퉁한 얼굴로 와삭와삭 사과를 씹어 먹기 시작했다. 생각보다 너무 맛있어서 다희는 저도 모르게 먹던 사과를 들어 유심히 쳐다봤다. 아영의 말대로 정말 빨갛고 예쁜 사과였다. 얼룩덜룩한 곳

없이 사과 전체가 보석처럼 빨갛게 빛났다. 순간 다희의 머릿속에 의문이 하나 떠올랐다.

'이 사과, 어떻게 이렇게 모든 부분이 다 빨갛지? 햇빛을 받은 부분은 잘 익겠지만, 아랫부분은 햇빛이 잘 안 닿을 텐데…….'

궁금해진 다희는 헬리콥터 밖을 내다보았다. 마침 헬리콥터는 넓디넓은 사과밭 위를 날고 있었다. 푸르른 나뭇잎 사이로 빨간 사과 과실이 드문드문 보였다. 그리고 무언가 반짝이는 것도 보였다. 다희는 같이 탄 담당 공무원에게 물었다.

"저기요, 저기 과수원에 뭔가 반짝이는데, 바닥에 뭘 덧댄 건가요?"

"은박지 반사판이에요. 과수원에선 과실의 아랫부분도 예쁘게 잘 익게 하려고 바닥에 은박지 반사판을 깔거든요. 그러면 햇빛이 반사돼서 빛이 잘 닿지 않는 과일의 아랫부분도 예쁘게 잘 익는답니다."

"반사판……."

다희는 눈을 깜빡이며 하염없이 과수원을 내려다보았다. 무언가 떠오를 듯 말듯 답답한 기분이 이어지다가, 어느 순간 팍! 불이 켜지듯 답이 떠올랐다.

“스톱! 스톱!”

다희는 두 손을 미친 듯이 내저으며 외쳤다. 그러자 막 부적을 뿌리려던 어른들이 놀라서 멈칫했다. 다희는 그런 어른들에게서 부적을 뺏으며 소리쳤다.

“아니에요, 지귀의 짓이 아니에요. 지귀의 짓이 아니라고요!”

“아니, 갑자기 그게 무슨 말이에요? 그러면 누구 짓인데요?”

다희의 돌발 행동에 아영이 얼굴을 찌푸리며 되물었다. 다희는 그런 아영의 얼굴 앞에 먹던 사과를 불쑥 들이밀며 외쳤다.

"사과 때문이에요!"

"사과?"

"네, 그러니까 부적 뿌리는 짓은 하지 말자고요. 이런다고 산불이 멈추는 것도 아니고, 산에 쓰레기를 뿌리는 것밖에 되지 않아요!"

사실 다희는 지귀 목격담을 들을 때부터 마음에 걸린 것이 몇 가지 있었다. 첫째로 날아다닌다는 것, 둘째로 밤에만 나타났다는 것, 셋째로 자동차를 탄 사람에게만 목격됐다는 것이다. 날아다닌다는 건 굉장히 눈에 띄는 특징이기 때문에 그게 정말 지귀라면, 그 내용이 《대동운부군옥》에도 남아 있어야만 했다. 그리고 밤에 자동차를 탄 사람 앞에만 나타난다는 것도 이상했다.

이 모든 찝찝함은 다희가 과수원을 본 순간 단번에 해결되었다. 범인은 바로 사과가 예쁘게 익는 것을 도와주는 '은박지 반사판'이었다.

정성스레 준비한 부적이 쓰레기라는 과격한 다희의 말에 어른들은 기분이 상한 듯했다. 하지만 아랑곳하지 않고 다희는 설명을 시작했다.

“저 은박지 반사판이라면 모든 의문이 해결돼요. 저걸 제대로 치우지 않으면 은박지 조각이 바람을 타고 너울너울 날아다니겠죠. 그렇게 날아다니던 은박지 조각이 밤에 어둠을 밝히려 킨 자동차 헤드라이트 불빛에 반사돼서 빛난 거예요. 그래서 밤에만 소복을 입고 번쩍번쩍 날아다니는 귀신처럼 보였던 거고요.”

“아…….”

다희의 논리적인 설명에 모두 감탄하며 고개를 끄덕였다.

“이런 게 날아다니다 보면, 분명 산속의 송전탑에 걸릴 거예요. 그러면 합선을 일으켜 전기 불꽃을 튀기게 되겠죠. 땅에 떨어진 불꽃은 마른 나뭇잎 같은 곳에 붙어 산불을 냈을 거고요. 요즘같이 건조한 시기엔 낙엽이 바짝 말라 있기 때문에 작은 불씨도 큰 산불이 되기 쉽다고요.”

“아, 그랬군요. 그럼 모든 게 말이 되네요. 지귀의 정체가 은박지 반사판이었다니…….”

드러난 지귀의 정체에 아영은 힘없이 고개를 숙였다. 다희의 만류에도 부적 인쇄를 밀어붙였는데, 정말 쓰레기를 잔뜩 만들어 낸 것이다. 아영의 얼굴은 부끄러움으로 빨갛게 달아올랐다.

다희는 그런 아영을 위로하며 어깨를 토닥여 주었다. 산불을 걱정하고, 동물을 걱정한 아영의 진심을 누구보다도 잘 알았기 때문이다.

"괜찮아요, 언니, 그럴 수도 있죠. 부적은 특별수사청에서 이면지나 메모지로 쓰면 되잖아요. 10년이면 다 쓸 수 있을 거예요."

"10년?"

다희는 위로하고자 한 말이었는데, 아영은 더 좌절하고 말았다. 이면지 처리에 10년이나 걸린다니, 10년짜리 민폐를 만든 기분이었다. 그때 옆에 있던 담당 공무원이 절망에 빠져 있던 아영을 구해 주었다.

"걱정 마세요. 이건 저희 마을에서 팔겠습니다. '지귀도 도망가는 부적, 스토커도 쫓아냅니다.'라는 문구를 넣어 스토커 퇴치 부적으로요. 10년이 뭡니까? 한 장에 천 원씩 3년 안에 다 팔겠습니다!"

의기양양하게 말하는 담당 공무원을 다희와 아영은 입을 쩍 벌린 채 쳐다보았다. 쇠락해 가는 시골 마을을 지귀 마을로 바꿔 부활시킨 것도 모자라 쓰레기나 다름없는 부적까지 돈 받고 팔겠다니, 이 사람, 인물은 인물이었다. 하지만 일단 그것보다 먼저 해결해야 할 것이 있었다.

"앞으론 은박지 반사판 처리를 철저히 해 주세요. 안 그러면 불귀신 지귀가 다시 돌아올 테니까요."

"네, 당연하죠. 다시는 이런 일이 없도록 마을 분들에게 쓰레기 분리배출을 철저히 해 달라고 할게요. 괴물 팀 여러분, 지귀 사건을 이렇게 금방 해결해 주셔서 감사합니다. 마을을 대표해서 인사드립니다."

담당 공무원의 진심 어린 감사 인사에 다희는 저도 모르게 뿌듯한 미소를 지었다.

헬리콥터의 창 너머로 아름다운 지귀 마을이 보였다. 한 폭의 그림처럼 아름다운 마을, 이 마을이 모쪼록 오래도록 아름답게 유지되길 다희는 남은 사과를 아사삭 베어 먹으며 진심으로 바랐다.

산불을 일으키는 **불귀신**의 정체는?

너무 열렬했던 짝사랑의 결과

삼국 시대의 역사를 정리한 《삼국유사》 4권에는 신라 선덕 여왕 때 여왕을 짝사랑하던 지귀의 마음속에서 불이 나와 영묘사에 불을 냈다는 이야기가 실려 있습니다.

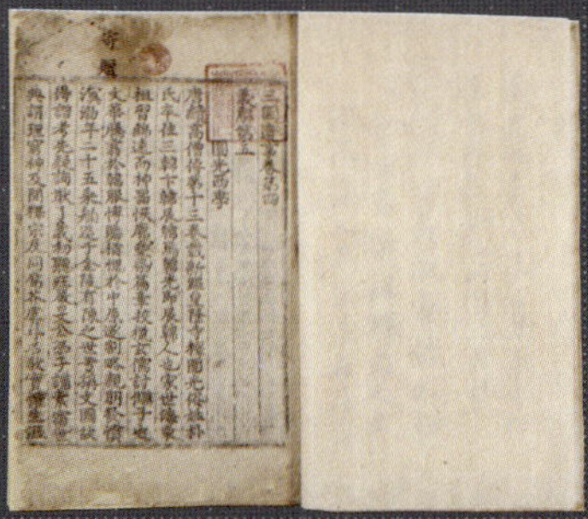

《삼국유사》 4권 이혜동진 중

또 어느 날 풀을 가지고 새끼를 꼬아서 영묘사(靈妙寺)에 들어가 금당(金堂)과 좌우 경루(經樓) 및 남문(南門)의 회랑을 둘러 묶고 강사(剛司)에게 알렸다. "이 줄은 모름지기 3일 후에 풀어라." 강사가 이상하게 생각하면서 따르니 과연 3일에 선덕왕(善德王)이 가마를 타고 절로 들어왔는데 지귀(志鬼)의 가슴에서 불이 나서 그 탑을 태웠으나 오직 줄을 묶은 곳만은 면하게 되었다.

《삼국유사》에서는 영묘사 화재 사건과 함께 지귀를 간단하게 언급했지만, 조선 중기 때의 학자 권문해가 쓴 백과사전 《대동운부군옥》의 20권에는 이 이야기가 더 자세히 나와 있습니다. '마음속에서 시작된 불이 점차 퍼져 온몸을 태운 형상'이라고 지귀의 생김새를 세세하게 언급하고 있고, 귀신이 된 지귀가 이곳저곳을 다니며 화재를 일으키는 모습도 쉽게 그려 볼 수 있습니다.

옛날에도 불은 지금과 마찬가지로 무서운 존재였을 것입니다. 특히 밤에 인적이 드문 곳에서 시작된 불은 원인도 알 수 없어 더 무섭게 느껴졌을 테지요. 그래서 우리 조상들은 열렬한 짝사랑을 하다 불귀신이 된 지귀가 이곳저곳을 돌아다니며 불을 냈다고 생각했는지도 모르겠습니다.

《대동운부군옥》에는 선덕 여왕이 지귀가 일으킨 불을 잠재우기 위해 주술사를 시켜 주문을 짓게 했다고 나와 있습니다. 이 주문을 문과 벽에 써 붙여 화재가 일어나지 않기를 빌었다고 하지요. 이를 통해 자주 일어나는 화재를 막기 위해 조상들은 어떤 일을 했는지도 엿볼 수 있습니다.

불을 막기 위한 노력

사람이 정착하고 재산을 갖게 되면서 화재로 인한 피해를 막기 위한 노력이 시작되었습니다. 소방 도구들이 만들어지지 않았을 때 사람들은 불이 나면 양동이 같은 통에 물을 담아 부어 껐습니다. 이 방법은 물이 있는 곳에서 조금만 떨어져도 쓰기 어려웠고, 불 가까이 가서 물을 부어야 했기에 위험하기도 했습니다. 그러다 고대 그리스의 발명가 크테시비우스가 처음으로 스쿼츠라는 소방용 펌프를 발명했습니다.

최초로 휴대용 소화기를 만든 영국의 군인 조지 윌리엄 맨비의 모습입니다. 스코틀랜드 에든버러에서 큰 불이 났을 때 건물 꼭대기 층의 불을 끄지 못하는 소방관을 보고 휴대용 소화기를 생각해 냈습니다.

주사기와 비슷한 형태의 스쿼츠는 손잡이를 당기면 1리터 정도 물을 채울 수 있고, 불에 가까이 가지 않아도 물을 뿌릴 수 있었습니다.

1723년에는 영국의 화학자 앰브로스 고드프리가 처음으로 자동식 스프링클러를 만들었고, 1818년에는 영국의 군인 조지 윌리엄 맨비가 휴대용 소화기를 만들었습니다. 지금의 소화기 형태와 비슷한 이 소화기는 구리로 만든 용기에 탄산 칼륨과 공기를 압축해서 넣었는데, 소화기 마개를 열면 압축된 공기가 빠져나가면서 탄산 칼륨이 먼 거리까지 분사될 수 있었습니다. 이 원리는 지금의 소화기에도 쓰이고 있지요. 또한, 맨비의 소화기는 휴대가 쉬워 소방관들이 화재 현장에 신속하게 가게 해 주었습니다. 그리고 건물 곳곳에 소화기를 놓게 해 좀 더 빨리 화재를 진압할 수 있게 해 주었지요. 소화기뿐만 아니라 소방차, 소방 호스, 경보 시스템, 스프링클러와 같이 화재를 막기 위한 도구와 시스템은 시대에 맞춰 점점 발전해 왔습니다. 이렇듯 인류는 화재를 막기 위해 끊임없이 노력해 왔고, 지금도 그 노력은 계속되고 있습니다.

호기심 과학 Q&A

은박지 반사판이 어떻게 사과를 고루 익히나요?

은박지 반사판

은박지는 알루미늄을 아주 얇게 늘여 만든 판으로 빛과 열을 반사하는 성질이 강합니다. 그래서 매끈하게 만든 알루미늄의 표면이 반짝거리는 거지요. 알루미늄의 이런 성질은 직접 햇빛을 받아야만 빨갛게 익는 사과를 골고루 익히는 데 쓰이고 있습니다. 하늘에서 내리쬐는 햇빛을 반사하도록 사과나무 아래쪽에 은박지 반사판을 깔아 햇빛이 닿기 힘든 사과 아래쪽까지 햇빛이 닿을 수 있게 하는 거지요.

은박지 때문에 불이 나기도 하나요?

은박지인 알루미늄은 전기가 잘 통해요. 그래서 은박지가 전봇대나 송전탑 근처에 있으면 은박지에 전류가 흐르게 되고, 합선이 일어나거나, 강한 전류를 견디지 못하고 불을 일으키게 됩니다. 이런 이유 때문에 전자레인지에 은박지나 알루미늄 용기를 넣으면 안 됩니다. 전자레인지는 여러 방향으로 마이크로파를 쏘아 음식을 데우는데 알루미늄과 같은 금속은 전자파를 반사해서 음식을 데우지 못하거든요. 게다가 끝이 날카로운 금속에 마이크로파가 집중되면 스파크가 튀어 불이 날 수 있습니다.

사건 파일 3 묘수좌

어두운 골목에서 아이들을 잡아가는 괴물

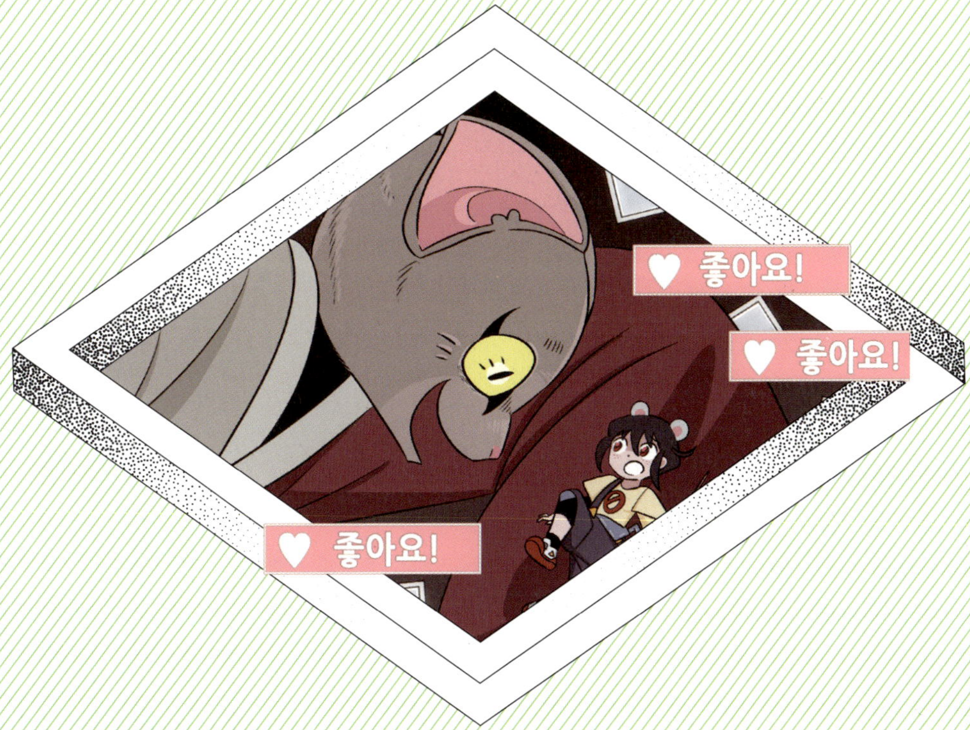

본 묘는 몹시 슬프다냥. 나는 냥냥랜드와 인간계의 화친만을 바라는 프린세스다냥. 그런 나를 전설 속 괴물이라고 부르다니냥! 나는 묘수좌 따위가 아니라냥! 모든 건 오해다냥!

동영상 속에서 귀여운 고양이 캐릭터가 억울한 듯 징징대고 있었다. 요새 인기 있는 버추얼 너튜버 '프린세스 냥키'였다.

버추얼 너튜버란, 컴퓨터 프로그램으로 가상의 캐릭터를 만들어서 본인이 그 캐릭터인 것처럼 연기하는 인터넷 방송인을 일컫는 말이다. 다양한 캐릭터 디자인이 가능해서 동물 모양의 캐릭터로 활동하는 사람도 있는데, 냥키도 그중 하나였다.

냥키는 실시간 방송 중이었고, 화면 한쪽엔 시청자들의 채팅이 쉴 새 없이 올라왔다.

그래, 우리 냥키를 괴롭히지 마! 냥키는 평화를 위해 지구에 온 냥냥랜드의 공주님이라고!

냥냥랜드ㅋㅋㅋㅋ 잠꼬대는 꿈에서나 해라ㅋㅋ

하지만 목격자가 있는 건 사실이잖아요. 해명해 주세요.

우리 냥키가 왜 그딴 루머에 대응해야 하는데!!! 너희 이거 사이버 불링이야!!!

채팅 창에는 냥키를 편드는 사람, 냥키를 의심하는 사람, 그리고 싸움 구경 온 사람들이 뒤섞여 떠들어 대고 있었다. 그리고 채팅 창처럼 교실도 난장판이었다. 점심시간에 냥키의 방송을 보고 있는 아이에게 몇 명이 먼저 시비를 걸었다.

"야, 이경훈! 범죄자 방송 왜 보냐? 피해자들 생각은 안 해?"

"웃기지 마. 그냥 소문이거든! 너는 무죄 추정의 원칙도 모르냐? 하긴 너 같은 멍청이가 뭘 알겠어. 무식해서 상대도 하기 싫다."

"뭐? 멍청이?"

우당탕 한바탕 싸움이 벌어졌다. 아이들이 서로 멱살을 잡고 굴러 먼지까지 피어오르는 교실에서 다희는 턱을 괸 채 멍하니 그 광경을 지켜봤다. 그러나 머릿속은 온통 냥키에 대한 생각뿐이었다.

'냥키는 정말 범죄자일까? 유죄일까? 무죄일까?'

진실은 알 수 없지만, 하나는 확실했다. 초등학생 모두가 이 무시무시한 납치 괴담에 갈대처럼 흔들리고 있다는 것이다.

어느 날부터 냥키가 늦은 밤 어두운 골목에 나타나 아이들을 잡아간다는 괴담이 퍼지기 시작했다. 처음에는 냥키가 쫓아와서 도망갔다는 경험담이 몇 번 올라왔다. 그러다가 얼마 전부터는 냥키가 진짜 아이들을 잡아가는 걸 봤다는 이야기로 변했다. 사람들은 그저 누군가 장난으로 올린 거라고 생각했다. 그러나 점점 이상한 점이 나타나기 시작했다. 납치 목격담이 올라온 지역에서 정말로 초등학생 실종 사건이 두 건이나 일어난 것이다. 목격담을 올린

사람들의 행동도 특이했다. 보통 이런 악성 루머를 퍼트린 사람은 정체가 드러날 상황에 처하면 모든 글을 삭제하고 도망친다. 헛소문일 경우 처벌을 받을 수 있기 때문이다. 그러나 냥키가 아이들을 납치하는 걸 봤다는 글을 올린 사람들은 오히려 자신이 사는 집이나 학교, 심지어 얼굴까지 인증하곤 했다. 그만큼 목격담에 자신 있다는 표시였다. 그 사람들이 당당한 태도를 보이자, 사람들은 냥키가 정말 납치범이 아닌지 의심하기 시작했고, 결국 인터넷 세상 전체를 들썩이게 하는 큰 괴담으로 변하고 말았다. 그렇게 냥키는

'현대판 묘수좌'라는 별명을 갖게 되었다.

한참 동안 냥키에 대한 생각에 빠져 있던 다희는 휴대폰으로 묘수좌에 대해 찾아봤다.

'늙은 고양이 선생님'이라는 뜻의 묘수좌는 《조선왕조실록》에 나온다. 어느 고양이가 늙어서 사냥할 수 없게 되자 자신의 귓속 털 없는 부분을 머리 쪽으로 뒤집어 삭발한 스님 머리 모양처럼 만든다. 그러곤 자신은 이제 스님이 되었으니 더는 육식을 하지 않겠다고 한다. 해탈한 고양이의 모습에 감동한 쥐들은 이 고양이를 묘수좌라 부르며 제자로 들어왔고, 묘수좌는 그런 쥐들을 몰래 하나씩 잡아먹는다.

이 이야기는 진짜 괴물에 대한 기록은 아니고, 그 당시의 정치인 김안로를 스님 모습을 한 영리하면서도 속임수에 능한 고양이로 묘사해 비판한 우화였다. 그러나 사람들은 그 우화 속 괴물이 실제로 나타났다며 어린아이를 꼬여서 납치한다는 냥키를 묘수좌로 부르기 시작한 것이다.

"언니는 어떻게 생각해요? 냥키가 정말 아이들을 잡아가는 괴물일까요?"

어린이 두 명 납치 사건

Sign in

Password

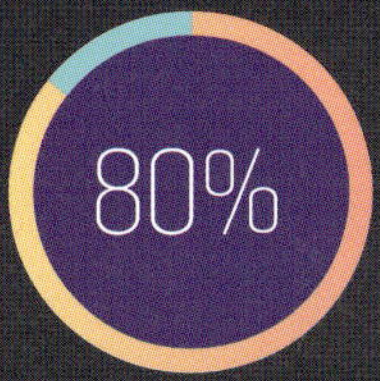

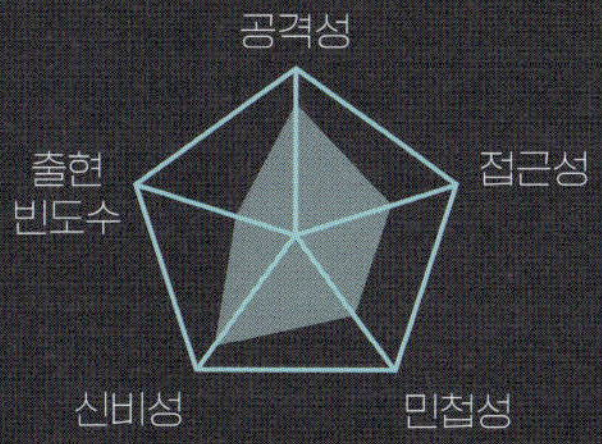

사건 개요

늦은 밤 어두운 골목에 버추얼 너튜버 프린세스 냥키가 나타나 아이들을 잡아간다는 괴담이 퍼짐.

피해자

◆ 김건우 군(9세, 초등학생)
친구들과 놀기 위해 놀이터로 가던 길에 냥키에게 납치된 것으로 추정.

◆ 황기쁨 양(10세, 초등학생)
학원 끝나고 집으로 가던 중 냥키에게 납치된 것으로 추정.

제보 내용

- 학원 끝나고 집으로 가는데 냥키가 쫓아와서 도망갔어요.
- 전 햇살중학교에 다니는 강진실입니다. 정말로 냥키가 한 남자아이를 납치하는 것을 봤어요. 냥키가 그 남자아이를 사람이 잘 안 다니는 골목으로 데려가더니 차에 태우고 사라졌어요. 제 얼굴을 걸고 맹세한다는 의미로 제 사진도 아래 함께 올립니다. 진짜예요. 믿어 주세요.

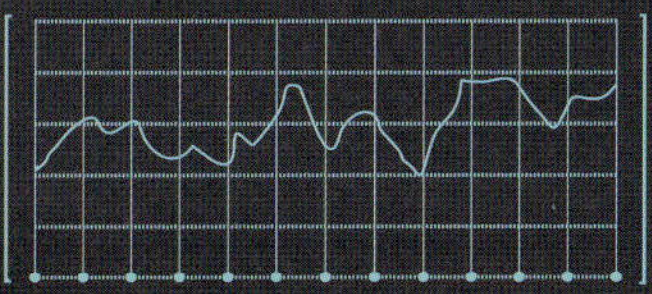

다희가 열심히 텔레비전 화면을 보며 홈 트레이닝을 하는 아영에게 질문했다. 그런데 아영은 화면에서 눈을 떼지도 않고 스쾃만 하며 건성으로 대답했다.

"으음, 글쎄요, 경찰 조사 결과가 나와 봐야 알지 않을까요?"

"어, 언니가 제일 좋아하는 괴물 이야기인데, 반응이 왜 그래요? 묘수좌라잖아요, 묘수좌! 아이들을 잡아가는 괴물! 물론 이야기 속에선 쥐이긴 했지만, 아무튼요."

"그런 어린이를 상대로 한 괴담은 언제 어느 때든 항상 있기 마련이에요. 1990년대에도 '홍콩 할매 괴담'이라는 게 있었는걸요. 반은 할머니, 반은 고양이 얼굴을 한 반인반묘 귀신이 초등학생을 잡아먹는다는 이야기요. 지금 묘수좌 얘기랑 비슷하죠? 이처럼 역사는 반복되기 마련이랍니다. 우리는 신경 안 써도 돼요."

그 냉정하기까지 한 대답에 다희는 저도 모르게 살짝 김이 빠졌다.

"언니라면 분명 관심을 갖고 사건의 진실을 같이 파헤치자고 할 줄 알았는데……."

조금 기죽은 듯한 다희의 목소리에 아영은 그제야 아차 하며 돌아봤다. 그러고는 분위기를 띄우려 한껏 밝은 목소리로 다른 이야기를 하기 시작했다.

"그러지 말고 우리 진짜 이상한 괴물을 쫓아요. 부산에 머리 셋 달린 개가 나타났대요. 지옥의 경비견, 케르베로스가 탈출해서 이 세상에 나온 건 아닐까요? 같이 잡으러 가요."

"머리 셋 달린 개? 뭐예요, 그게. 묘수좌 얘기보다 그게 더 허무맹랑해요."

"아이, 다희 님~."

아영은 하던 운동도 멈추고 아쉬운 표정으로 다희를 돌아보았다. 하지만 다희는 어깨를 한 번 으쓱한 뒤 방으로 들어가 버렸다.

아영과 함께 사건을 해결하려던 계획은 무산되었지만, 그래도 다희는 좀처럼 이 사건을 포기할 수 없었다. 학교 친구들이 정체불명의 괴담에 휩쓸려 편을 갈라 싸우는 게 마음에 걸렸다. 또 아이들을 위협하는 이런 무서운 괴담은 빨리 해결하는 게 좋을 것 같았다. 그래서 다희는 자기를 도와줄 다른 어른을 찾았다. 바로 특별수사청 정보 지원 팀의 최기원이었다.

"아하, 그런 일이 있었군요. 그럼요, 다희 님 부탁인데 당연히 도와야죠. 두 시간만 기다리세요. 실종된 어린이들 정보는 싹 다 모아 놓을게요."

휴대폰 너머로 기원의 다정하고 믿음직한 목소리가 흘러나왔다. 기원이 흔쾌히 협력해 준 덕분에 이번 묘수좌 사건은 '다희&아영' 팀이 아니라 '다희&기원' 팀으로 조사하게 되었다.

"다희 님, 어서 오세요."

두 시간 뒤, 특별수사청에 도착한 다희를 반겨 준 건 테이블 위에 가득 쌓인 서류들이었다. 덕분에 다희는 본부에 도착하자마자 바로 조사를 시작할 수 있었다.

가장 먼저 살펴본 건 경찰의 수사 기록이었다. 수사 기록에서 특별한 점은 없었다. 실종된 아이들은 딱히 괴물에 관심 있지 않았고, 괴물과 관련될 가능성도 보이지 않았다. 두 아이의 가족 관계, 친구 관계, 평소 일정을 비롯해서 부모님에게 원한이나 금전적인 문제가 있는지도 꼼꼼히 살펴보았다. 그러던 가운데 드디어 다희는 눈에 띄는 정보를 발견했다. 바로 두 아이의 휴대폰 동영상 시청 기록이었다.

"두 사람 모두 냥키를 좋아했네요."

실종된 두 아이 모두 시청 기록 대부분이 냥키의 숏폼 동영상으로 채워져 있었다. 다희의 발견에 기원도 고개를 끄덕이며 말을 더했다.

"네, 그래서 아마도 납치범의 목표가 됐을 거예요. 냥키 팬이라면 냥키의 모습으로 꾀기 쉬우니까요. 물론 그 납치범이 정말 냥키인지, 아니면 냥키를 사칭한 누구일지는 아직 모르지만 말이에요."

"하지만 이상한 점이 있어요."

다희는 두 사람의 동영상 채널 구독 목록과 댓글 기록을 기원에게 내밀었다.

"두 사람 모두 그냥 냥키의 동영상을 자주 시청했을 뿐, 냥키의 채널을 구독하지도, 평소에 댓글을 남기지도 않았어요. 그런데 납치범은 대체 어떻게 두 사람이 냥키의 팬인 걸 알았을까요? 냥키의 모습으로 아이들을 납치했다면, 분명 두 사람이 냥키의 팬이라는 걸 미리 알고 있었단 말일 텐데요."

"그러게요……."

잘 진행되던 수사가 벽에 가로막혔다. 두 사람은 납치범이 어떻게 피해자들이 냥키의 팬인 것을 알고 접근했을지 치열하게 고민했다. 그 순간 다희의 머리에 무언가가 스쳐 지나갔다.

"아, 에스엔에스!"

“맞아요, 두 사람의 에스엔에스 기록을 봐야겠어요!”

두 사람의 에스엔에스는 그야말로 개인 정보의 대홍수였다. 에스엔에스에 올린 글과 사진만 봐도, 두 사람의 가족 관계, 친구 관계, 다니는 학원과 시간표, 그리고 매일 몇 시부터 몇 시까지 어디서 무엇을 하는지 다 알 수 있었다. 냥키의 팬인 것 또한 자주 올리는 게시 글을 통해 알 수 있었다. 누구라도 나쁜 마음만 먹는다면, 냥키의 모습으로 두 사람을 꾀어 납치하겠단 계획을 세우기에 충분했다.

“아아, 이해할 수 없어요. 사람들은 왜 에스엔에스에 개인 정보를 이렇게 몽땅 올리는 걸까요? 위험하잖아요. 이렇게 범죄 피해자가 될 수도 있고요.”

“그러게요, 저도 이해가 안 가네요.”

그러나 에스엔에스 덕분에 범인으로 추정되는 인물을 금방 찾아낼 수 있었다. 기원은 키보드를 몇 번 두드린 뒤 두 사람의 에스엔에스에 자주, 오랜 시간 접속해 있던 아이디들을 찾아냈다. 그러자 의심 가는 아이디가 하나 나왔다. qnwkehlfrjdi, 이 아이디의 주인이 두 아이의 에스엔에스 접속 기록에 동시에 등장했다. 여기까지 찾아냈으면 일사천리, 기원은 그 아이디의 접속 지역까지 찾아냈다. 아니나 다를까, 두 아이의 실종 현장 딱 중간쯤에 있는 낡은 건물이었다.

의심 가는 사람도 찾았으니 두 사람은 얼른 현장으로 출동할 준비를 했다. 두 사람 다 무술 능력자가 아니었기에 체포를 도와줄 수사관을 지원받아야 했다. 본부에 지원을 부탁하자, 20분쯤 뒤 누군가가 두 사람이 있는 회의실 문을 벌컥 열고 들어왔다. 그런데 이게 무슨 우연의 일치일까, 지원 온 수사관은 바로 아영이었다. 두 사람을 본 아영의 눈에는 눈물이 그렁그렁 맺혔다.

“나만 쏙 빼놓고 둘이서만 묘수좌를 수사하다니!”

너무한다 종알종알, 어쩌면 그럴 수 있냐 종알종알, 끝도 없이 쏟아지는 서운한 말에 다희와 기원은 넋이 나갈 수밖에 없었다. 그렇게 한참을 말로 얻어맞은 뒤에야 다희는 겨우 변명을 할 수 있었다.

“아니, 언니는 묘수좌에 관심 없다고 했잖아요. 그래서 귀찮게 안 하려고 그런 거라고요!”

하지만 그 변명에 아영은 더 성이 나서 빽 목소리를 높였다.

“다희 님은 사람 마음을 몰라도 너무 몰라요. 묘수좌엔 관심 없지만, 사건이 있다면 같이 수사하고 싶단 말이에요! 우리는 한 팀인데, 당연히 처음부터 나를 불렀어야죠!”

“아……. ”

한 팀, 그 말이 다희의 마음에 와닿았다. 뒤늦게서야 다희는 속상한 아영의 마음을 헤아렸다.

“언니, 미안해요. 내가 생각이 짧았어요.”

“흑, 알면 됐어요. 다음부턴 절대 절 빼놓지 마세요.”

두 사람이 화해하는 분위기로 접어들자, 이때다 싶었는지 기원도 얼른 끼어들었다.

“아영 씨, 저도 미안합니다. 저라도 연락을 드렸어야 했는데…….”

“흥, 몰라요! 미워!”

얼굴이 뿌루퉁해진 아영은 사과를 듣는 둥 마는 둥 먼저 나가 버렸다. 어쩔 수 없이 두 사람은 사고 친 강아지처럼 낑낑거리며 아영의 뒤를 따를 수밖에 없었다.

“어린이를 납치하다니! 용서 못 해!”

동에 번쩍, 서에 번쩍, 그야말로 펄펄 날아다닌단 말 말고는 아영을 표현할 수 없었다. 아영은 열린 창으로 뛰어 들어가더니 바로 마취 총으로 납치범 한 명을 제압하고, 무섭게 덤버드는 나머지 납치범 두 명을 빛나는 무술 실력으로 흠씬 두들겨 주었다. 7분, 그게 바로 아영이 두 명의 초등학생을 납치한 범인들을 제압하는 데 걸린 시간이었다.

범인은 버추얼 너튜버 프린세스 냥키가 아니었다. 그저 아이들을 납치하기 위해 냥키의 모습을 흉내 낸 것뿐이었다.

어린이 납치범 검거 사건은 각종 매체에 대서특필되었다. 특히 납치 수법에 대해 자세히 다뤄졌다. 범인들은 스리디 프린터를 이용해 냥키 모양 인형 탈을 만들고 딥페이크 기술을 이용해 냥키의 목소리까지 흉내 내 냥키의 팬인 아이들을 꾀어냈다. 언론에서는 이처럼 타인을 완벽히 모방할 수 있는 신기술의 위험성에 대해 말하면서, 동시에 에스엔에스를 통한 개인 정보 유출에 대해 경고했다.

또 흥미로운 건 범인이 쉽게 잡히지 않은 이유였다. 이 또한 기술의 폐해라고 할 만했다.

보통 납치범은 납치한 아이의 부모에게 금품을 요구하는 협박 전화를 한다. 그러면 경찰은 납치범이 전화를 건 위치를 바탕으로 수사를 한다. 그런데 이상하게도 이 납치범에게선 아무런 연락이 없었다. 그래서 경찰은 납치범의 위치를 찾는 데 애를 먹고 있었다. 알고 보니 납치범들이 부모들에게 협박 전화를 못 한 이유가 따로 있었다. 바로 납치당한 두 아이 모두 부모의 휴대폰 번호를 몰랐기 때문이었다. 휴대폰에 모든 걸 저장하다 보니, 부모님의 휴대폰 번호조차 외우지 못하고 있던 것이다. 정말 우연히도 둘 다 휴대폰을 두고 나갔을 때 납치를 당했고, 범인들이 부모들에게 연락할 방법을 찾고 있을 때 괴물 팀이 빛나는 추리로 범인을 잡은 것이다. 그야말로 발전하는 기술이 이래저래 영향을 미친 사건이 아닐 수 없었다.

납치된 아이들도 집에 돌아갔겠다, 냥키도 오해를 풀었겠다, 세상은 평화를 되찾았다. 그러나 기원에게 토라져 하루 종일 뿌루퉁한 표정을 한 아영 때문에 다희는 불편해도 보통 불편한 게 아니었다. 그때 갑자기 초인종이 울렸다.

딩동, 딩동.

"누구세요?"

아무런 대답이 없자 아영은 귀찮다는 듯 현관으로 향했다. 문을 열어 보니, 아무도 없고 꽃 한 송이만 덩그러니 놓여 있었다. 꽃 위에 살포시 놓인 메모지엔 '아영 씨에게'라고 적혀 있었다. 그것을 본 아영은 어쩔 줄 몰라 하며 얼굴이 새빨개졌다.

아영이 받은 꽃은 꽃잎이 다섯 장 있는 하얀 꽃이었다. 그중 두 개의 꽃잎이 특이하게 길었다. 다희는 고개를 갸웃하며 물었다.

"무슨 꽃이에요? 처음 보는 꽃인데."

"범의귀예요. 다희 님, 혹시 이 꽃의 꽃말을 아세요?"

다희는 고개를 저었다. 그러자 아영은 아무 말 없이 수줍게 웃으며 주방으로 갔다. 찬장에서 꽃병을 꺼내 씻는 아영 너머로 작은 콧노래 소리가 들려왔다. 다희는 그 노랫소리를 들으며 비로소 편하게 거실 소파에 앉았다.

범의귀 꽃말: 당신에게 미움받는다면 견딜 수 없어요.

아이들을 납치하는 고양이가 있다?

조선 시대에도 흥했던 정치 풍자

'묘'는 고양이를 뜻하고, '수좌'는 가장 높은 자리를 뜻합니다. 이 둘을 합친 '묘수좌'를 해석하면 '높은 자리에 있는 고양이'라는 뜻이지요. 묘수좌는 1530년대 중반 조선에서 유행했던 말인데, 앞에서 언급한 것과는 조금 다른 의미로 쓰였습니다.

《조선왕조실록》 1534년 음력 7월 22일 기록에는 늙고 힘없는 고양이 묘수좌가 머리를 스님처럼 만들어 쥐들을 속인 뒤 어린 쥐들을 몰래 잡아먹은 우화가 나옵니다. 묘수좌는 영리하면서도 속임수에 능한 고양이인 거지요. 그래서 조선 시대 때 묘수좌는 머리카락을 삭발하고 고고하게 도 닦는 사람처럼 꾸미고 있는 고양이 스님을 뜻했습니다. 이런 고양이가 실제로 있었던 것은 아니고, 조선 중종 때 권력자였던 김안로를 비판하기 위해 누군가가 이 우화를 만들었는데, 조선에서 크게 유행한 것이지요.

그렇다면 김안로는 어떤 사람이었길래 이렇게 비판을 받았을까요?

김안로는 이조판서, 대제학, 좌의정 등을 지낸 문신으로 임금인 중종과는 사돈 사이였습니다. 이것만으로도 충분히 큰 권력을 가졌던 김안로는 권력을 더 키우기 위해 한때는 자신과 뜻을 같이했던 사람들을 이용하고 배신합니다. 《조선왕조실록》에 묘수좌 이야기를 기록한 사관은 묘수좌가 김안로를 나타내기에 충분하다고 보고 이 우화와 함께 김안로를 언급한 것이지요. 이것을 통해 조선 시대에도 나쁜 권력자를 비판하고 풍자했다는 것을 확인할 수 있습니다.

중종실록 77권, 중종 29년 7월 22일

옛날에 늙은 고양이가 있었다. 발톱이나 어금니도 모두 못 쓰게 되어서 쥐를 잡아먹는 재주도 이미 다했다. 쥐 잡아먹을 계책이 서지 않자 귓속의 털 없는 부분을 뒤집어 내어 머리에 덮어쓰고 다니며 부르짖기를 '나는 이제 자비심을 발하여 삭발하고 중이 되었노라. 어떻게 부처님을 모시고 함께 정진하는 공부를 지어 갈 수 없겠는가?' 하였다. 쥐들은 그러나 여전히 두렵고 무서운 마음이 들어 감히 밖으로 나오지 못했다. 그러다가 머리를 깎은 것 같은 모양을 엿보고 나서 크게 그 말을 믿게 되어 나와서 응접하고는 늙은 고양이를 웃자리로 추대하여 묘수좌(猫首座)라 하였다.

버추얼 유튜버? 버추얼 인플루언서?

묘수좌 이야기에 나오는 프린세스 냥키는 버추얼 유튜버입니다. 버추얼 유튜버는 가상을 의미하는 '버추얼(Virtual)'과 유튜브를 진행하는 사람을 뜻하는 '유튜버(Youtuber)'가 합쳐진 말로 컴퓨터 그래픽과 모션 캡쳐 기술을 활용해 만든 투디(2D) 또는 스리디(3D) 캐릭터를 통해 인터넷

로지(ROZY)는 우리나라 최초의 버추얼 인플루언서입니다. 젊은 세대가 좋아하는 얼굴을 분석한 뒤 스리디 기술로 세상에 없는 얼굴을 만들었다고 합니다. 여러 광고에 모델로 등장했고, 가수로도 활동하고 있습니다.

방송을 진행하는 크리에이터를 말합니다. 버추얼 유튜버는 인공 지능으로 오해받기 쉽지만, 실제 사람이 행동이나 표정을 실시간으로 변환해 주는 프로그램을 이용해 인터넷 방송을 하는 것입니다. 실제 얼굴을 드러내지 않고 방송할 수 있기에 자신을 드러내지 않으면서 인터넷 방송을 하고 싶은 사람들이 이 방식을 택하고 있습니다.

반면, 버추얼에 유명인을 의미하는 '인플루언서(Influencer)'가 합쳐진 말인 버추얼 인플루언서는 실제로 존재하는 사람이 아니라 컴퓨터 그래픽으로 만들어진 인공 지능 인플루언서입니다. 버추얼 인플루언서는 국적과 외모, 성격 같은 것을 소비자에 맞게 직접 설정할 수 있고, 전 세계 어디서나 활동이 가능합니다. 또 실제 연예인처럼 이미지가 나빠질 위험도 적다는 장점도 있어 기업에서 제품 홍보를 할 때 많이 활용하고 있습니다. 소셜 미디어를 중심으로 활동하던 버추얼 인플루언서는 광고 모델, 쇼 호스트, 걸 그룹 멤버 등 점점 활동 영역을 넓혀 가고 있습니다.

호기심 과학 Q&A

인공 지능이 뭔가요?

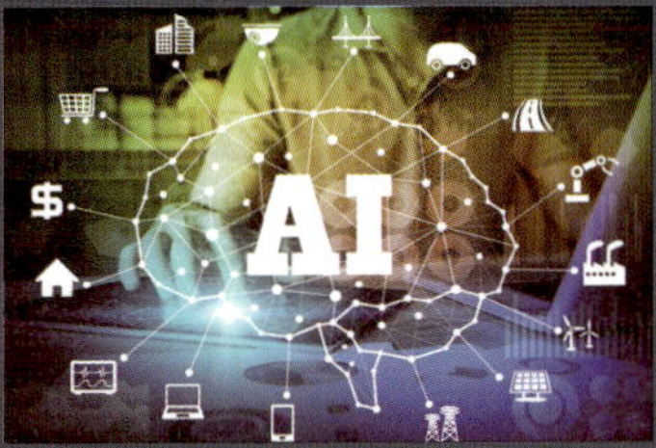

인공 지능

인공 지능은 로봇과 기계, 컴퓨터 프로그램이 사람처럼 생각하게 해 주는 것을 말해요. 기계가 정보를 처리하는 방식이 사람이 생각하는 방식과 비슷해서 인공 지능이라는 이름이 붙었지요. 길을 찾을 때 보는 내비게이션, 배달 음식을 주문할 때 쓰는 앱, 버스 정류장에 있는 버스 도착 알림판 모두 인공 지능입니다. 인공 지능은 순간순간 새로운 정보를 수집하여 점점 더 똑똑해지고, 우리 삶을 편리하게 바꿔요. 그렇지만 인공 지능이 수집한 정보들은 우리 생활을 편리하게 만드는 데만 쓰이지 않습니다. 그래서 우리는 무엇을 누구와 공유할지 신경 써야 해요.

딥페이크가 왜 위험한가요?

딥페이크는 인공 지능 기술을 활용해 특정 인물의 얼굴이나 신체 부분을 합성한 사진이나 영상을 만드는 것을 말해요. 죽은 사람의 모습, 목소리 등을 재현하거나 공익 제보자의 얼굴을 가려 신원을 보호하는 것처럼 긍정적으로 쓰일 때도 있지만, 음란물과 같은 영상에 얼굴이 합성되거나, 보이스 피싱 같은 범죄에 악용되기도 쉬워요. 딥페이크는 누구나 쉽게 만들 수 있고 딥페이크로 만든 것인지 구분이 어렵기 때문에 나쁜 방향으로 쓰일 때 더 큰 문제로 발전할 수 있습니다.

사건 파일 4 견부락

두 발로 걸어 다니고 사람 말을 하는 똑똑한 개

"견부락? 개 견 자에 시골 마을을 뜻하는 부락이 붙은 단어인가요?"

처음 보는 단어에 다희가 얼굴을 찌푸리며 말했다.

"과연 다희 님, 한자도 잘 아네요. 맞아요, 풀어 말하면 '개 마을'이죠. 견부락 사건, 이게 우리가 이번에 조사해야 할 사건이에요."

아영은 방긋 웃으며 다희에게 서류 뭉치를 내밀었다. 서류의 첫 장엔 크게 이렇게 쓰여 있었다.

견부락 사건

경기도 최북단, 휴전선 근처 산에서 두 발로 서서 다니고, 사람 말을 하는 똑똑한 개들이 지속적으로 목격되고 있음.

"음, 똑똑한 건 그렇다 쳐도, 개가 두 발로 서서 다니고, 말을 한다니 또 얼토당토않은 사건이네요."

"어머머, 아니에요! 이번 건 목격자가 한둘이 아니라고요. 증거 사진도 많아요."

다희의 불만스러운 반응에 아영은 얼른 서류를 넘겨 사진들이

모여 있는 페이지를 보여 주었다. 과연 사진 속에는 사람처럼 옷을 입고 두 발로 서 있는 개들이 찍혀 있었다. 하나같이 멀리서, 흐릿하게 찍힌 게 이상했지만 말이다.

'정확하게 찍힌 것도 아니고, 조작 아닐까?'

다희가 미간을 찌푸리며 의심하려던 찰나, 아영이 선수를 치며 얼른 변명했다.

"이렇게 멀리서 찍힌 건 이유가 있어요. 가까이서 사진을 찍으려고 하면 개들이 막 화를 내서 목격자들은 이렇게 멀리서 찍을 수밖에 없었대요."

"사진을 찍는다고 개가 화를 냈다고요?"

"네, 개들은 길 잃은 사람들, 다친 사람들, 온갖 어려움에 처한 사람들을 도와주다가도 사진만 찍으려고 하면 그렇게 화를 냈대요. 그리고 자기들에 대해 얘기하지 말라고 신신당부했더라나 뭐라나. 하지만 한 입 건너 두 입이라고 결국 우리 특별수사청에까지 이야기가 들어오고 말았죠."

아영의 말을 유심히 듣던 다희는 이해가 안 되는지 고개를 갸우뚱했다.

"하지만 진짜 말을 하는 똑똑한 개가 있다 하더라도 그게 왜 우리가 해결해야 할 사건인지 모르겠어요. 그냥 알아서 잘 살게 두면 되잖아요."

"그게 소문이 퍼지면서 민원이 들어와서요. 말하는 개를 찾겠다고 시골 마을에 방송국과 개인 방송을 하는 사람들이 들락거리니 주민들이 얼마나 불편하겠어요. 또 주민들은 말하는 개 같은 괴물이랑 한마을에 살기 불안하대요. 그래서 우리 괴물 팀에 의뢰한 거예요."

"그래서 어떻게 할 건데요? 잡아서 보호소에 보내게요?"

"아뇨, 보호할 거예요. 그 개들은 역사 속 '구국'이나 '견부락'의 후손일 가능성이 있거든요!"

사람처럼 똑똑한 개 목격 사건

사건 개요

경기도 최북단, 휴전선 근처 산에서 두 발로 서서 다니고, 사람 말을 하는 똑똑한 개들이 지속적으로 목격되고 있음.

제보 내용

- 산에 놀러 갔다가 그만 길을 잃었어요. 그런데 사람처럼 두 발로 걷고, 사람 말을 하는 개가 나타나서 길을 찾아 줬어요. 너무 신기하고 고마워서 사진을 같이 찍자 하니 엄청 화를 내며 재빠르게 가 버렸어요. 그래도 이렇게 멀리서나마 모습을 담아서 다행이에요.
- 혼자서 산을 오르다가 크게 넘어진 거예요. 무릎이 다 까져서 피가 철철 나는데 약이나 반창고가 없어서 난감한 상황이었죠. 그때 어디선가 사람처럼 걷는 개가 나타나 반창고를 주고 갔어요. 경황이 없어서 고맙다는 말도 못 했는데, 다시 만나면 꼭 고맙다고 말하고 싶어요.

Sign in

Password

••••••

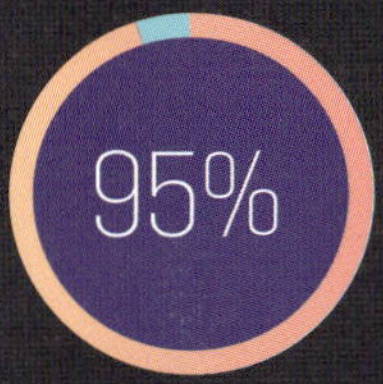

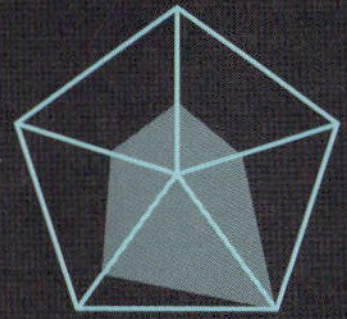

피해자

◆ 마을 주민들

말하는 개를 찾겠다고 방송국과 개인 방송을 하는 사람들이 몰려들어 이리저리 카메라를 들이대서 일상생활에 어려움을 겪고 있음.

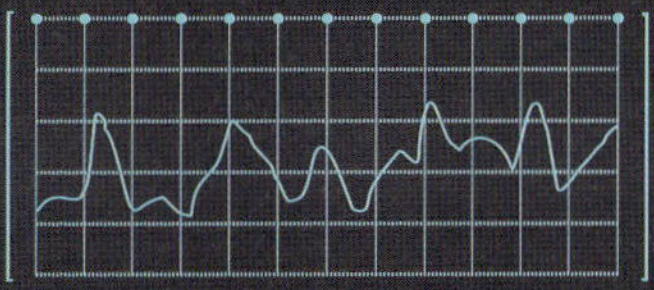

"구국? 견부락?"

"구국은 조선 시대의《해동역사》와《앙엽기》라는 책에, 견부락은《북정록》이라는 책에 실린 이야기예요. 견부락은 개들의 마을이란 이름과 다르게 실제로는 그냥 개 썰매를 타고 다니던 민족일 가능성이 높다지만요."

아영은 한껏 진지해진 표정으로 이어 말했다.

"중요한 건《앙엽기》에 나온 전설이에요. '몸은 사람이고 머리는 개인 종족이 있다'는 이야기죠. 옛날 기록이라 조금 과장됐을 거라는 걸 고려해 보면, 지금 발견된 개들하고 비슷하지 않을까요? 두 발로 서서 다니고, 머리도 사람만큼이나 좋고요. 이번에 경기도에서 발견된 개들이 정말 구국의 후손이라면, 이건 정말 역사적인 발견이에요! 지능을 가진 다른 종족이 오랫동안 우리 곁에서 살아 숨쉬고 있었단 이야기잖아요!"

이야기를 하면 할수록 아영은 자신의 멋들어진 가설에 푹 빠져들었다. 신나서 방방 뛰기까지 하는 아영 옆에서 다희의 표정은 점점 더 냉정해졌다.

전국 방방곡곡에 인터넷이 터지고, 국민 대부분이 스마트폰을 갖고 다니는 이 시대에 견부락이 있다면 벌써 소문이 났어야만 했다. 즉, 문제의 견부락은 최근에 생긴 마을일 가능성이 높았다. 그리고 그 개들이 전설 속 종족인지 뭔지 밝히기에 앞서 해결해야 할 문제가 있었다.

"아무리 생각해도 전 이 개들이 전설 속 부족 같지는 않아요. 하지만 당장 이 사건을 해결하러 출동해야겠어요."

"네? 출동하겠다고요? 이렇게 순순히?"

평소 이래서 싫다, 저래서 싫다, 괴물 사건 출동에 소극적이던 다희가 의외의 모습을 보이자, 아영이 깜짝 놀랐다. 다희는 진지하게 고개를 끄덕이더니 다시금 증거 사진에 손가락을 가져다 댔다.

"사진 속 이 개, 로트바일러잖아요."

견종에 대해서는 하나도 모르는지 아영은 이게 로트바일러인지 뭔지 모르는 눈치였다. 조금 어리둥절한 표정을 한 아영을 두고 다희가 계속 설명했다.

"로트바일러는 입마개를 해야 하는 맹견이에요. 그런데 사진 속에선 입마개도, 목줄도 없이 돌아다니고 있어요. 저는 동물을 좋아해요. 그러기에 동물을 키우는 사람들이 더욱더 법과 규칙을 지켜야 한다고 생각해요. 동물 보호법상 목줄과 입마개 없이 집 밖으로 나오면 안 되는 로트바일러가 이렇게 돌아다니다 사고가 나면, 전국의 맹견을 기르는 가족들과 개들이 다 같이 피해를 봐요. 맹견에 대한 부정적인 인식이 생겨나니까요."

말을 하다 보니 부글부글 화가 끓는지 다희가 두 주먹을 꽉 쥔 채 흥분하기 시작했다.

"저는 이 개들이 괴물 개라기보다는 주인이 잘 훈련한 개일 거라고 생각해요. 두 발로 걸어 다니는 훈련, 사람을 도와주는 그런 훈련 말이에요. 잘 훈련된 개들이 얼마나 많은 일을 할 줄 아는데요. 공항의 마약 탐지견도 그렇고, 인명 구조견도 그렇고, 맹인 안내견도 그렇고요! 그러니까 전 출동해서 이 개들의 주인을 잡아 벌금을 먹이고, 맹견 안전 교육을 받게 하겠어요!"

"오오!"

다희의 멋진 연설에 아영은 저도 모르게 손뼉을 쳤다. 각자 이유는 다르지만, 어쨌든 둘 다 출동에 대한 의욕만큼은 넘쳐 났다. 두 사람은 짝! 손뼉을 한번 마주친 뒤, 휴전선 근처 산골 마을로 향했다.

방송국이며 개인 방송하는 사람들이 하루가 멀다 하고 산을 들쑤셨는데도 견부락을 찾지 못하고 있었다. 그렇게 많은 사람들이 찾지 못한 걸 자신들이 찾을 수 있을지 다희와 아영도 걱정되었다. 그런데 의외로 쉽게 두 사람은 견부락을 찾아냈다. 바로 빛나는 관찰력 덕분이었다.

두 사람은 개들이 입고 있는 옷에 집중했다. 그건 요새 젊은 층에게 엄청나게 인기 있는 브랜드의 티셔츠였다. 아무리 생각해도 고즈넉한 시골 마을에서 최신 유행 티셔츠를 입고 있는 건 이 개들밖에 없을 것 같았다. 그래서 다희와 아영은 그 의류 회사에 수사 협조를 구한 뒤 이 마을의 구매 기록을 확인해 봤다. 아니나 다를까 딱 한 집에서 이 브랜드의 옷을 대량으로 구매한 기록이 나왔다. 주소를 확인한 뒤에야 다희와 아영은 왜 사람들이 온 산을 뒤졌음에도 개들을 찾지 못했는지 알 수 있었다. 개인 땅 깊숙한 곳에 있는 집이기 때문이었다. 사람들은 산을 뒤지면서도 개인 땅엔 들어가지 못했고, 그래서 개들이 사는 곳을 발견하지 못한 것이다.

"천재영 씨, 특별수사청 괴물 팀입니다! 특별 수색 영장을 받아왔어요. 문 열어 주세요!"

산 중턱에 있는 길고 긴 철조망 사이에 있는 대문 앞에서 다희

와 아영은 한참 동안 벨을 눌렀다. 벨이 정상 작동함에도 스피커에선 아무런 대답이 들리지 않았다. 그러나 두 사람은 포기하지 않고 계속해서 벨을 누르고, 미친 듯이 문을 흔들어 댔다. 묘한 예감이 들었기 때문이다. 대문 위에 있는 감시 카메라 너머로 누군가가 두 사람을 지켜보고 있는 듯한 기묘한 시선이 계속해서 느껴졌다.

"이러시면 강제 집행하는 수밖에 없어요. 좋은 말로 할 때 문 열어 주세요!"

덜컹, 덜컹! 두 사람이 포기하지 않고 거의 한 시간이나 문을 흔

들어 대자 결국 안에 있는 사람도 포기했는지 반응을 했다.

삐이이이익!

귀가 찢어질 듯한 기계음과 함께 무시무시한 음성 변조 목소리가 흘러나왔다.

돌아가라. 그러지 않으면 괴물 개들을 풀어 너희들을 해치겠다.

그러나 무시무시한 협박도 잔뜩 화난 두 사람에겐 소용없었다.

"역시 안에 있었군요!"

"안에 있으면서 사람을 이렇게 기다리게 하다니! 도대체 공무 집행을 뭐라고 생각하는 거예요!"

두 사람이 이젠 아예 문을 부술 기세로 흔들어 대자, 스피커 속 목소리는 당황스러워하며 다시 한번 협박했다.

농, 농담이 아니다. 정말 괴물 개들을 풀어 너희들을 물어뜯어 버리겠다!

"괴물 개든 사람이든, 일단 나와 보라고요!"

컹컹컹컹! 컹컹컹컹!

그때, 빈말이 아니라는 듯, 어디선가 개 짖는 소리가 들려오기 시작했다. 우렁찬 그 소리를 듣자 하니, 보통 큰 개가 아닌 듯했다.

봐라, 이미 개를 풀었다. 당장 돌아가지 않는다면……

스피커 속 목소리가 마저 협박하려고 했지만, 그 말이 끝나기도 전에 다희가 철조망 너머를 가리키며 버럭 소리를 질렀다.

"아영 언니, 저기 개, 개가 있어요! 옷 입고 있는 개예요!"

끼익 쿵!

그리고 그때 계속 흔들어 대던 문이 큰 소리를 내며 떨어졌다. 두 사람은 잠깐 당황하는 듯했지만, 곧 어쩔 수 없다는 듯 어깨를 으쓱하며 다시 괴물 개 쪽으로 시선을 돌렸다.

"이건 나중에 고치기로 하고, 얼른 따라가 보죠, 다희 님!"

"네!"

게 섰거라! 다희와 아영은 겁도 없이 괴물 개를 마구 쫓아갔다. 기세 좋게 컹컹대던 괴물 개는 두 사람이 쫓아오자 오히려 당황한 듯 허겁지겁 도망가기 시작했다.

험한 산길에서 추격전이 펼쳐졌다. 돌부리에 걸리고, 나뭇가지에 긁히고, 나뭇잎을 얼굴에 맞으면서도 두 사람은 포기하지 않고 괴물 개를 뒤쫓았다. 두 사람이 겨우 따라잡았을 무렵, 앞서 도망치던 개가 갑자기 눈앞에서 쑥 사라졌다. 고개를 갸우뚱하며 마저

뛰던 두 사람은 어느 순간 발밑이 쑥 꺼지는 것을 느꼈다.

"꺄아악!"

비명과 함께 두 사람이 떨어진 곳은 아주 깊고 넓은 구덩이 안이었다. 온몸이 얼얼하게 아픈 가운데, 어안이 벙벙해진 두 사람은 고개를 들어 자신들이 떨어진 위쪽을 쳐다보았다. 구덩이 위에서는 여러 마리의 개가 다희와 아영을 내려다보고 있었다. 그리고 둘의 눈앞에서 사라졌던 개는 구덩이 위쪽에 설치해 놓은 작은 발판 위에 서 있었다. 다시 음성 변조 목소리가 들렸다.

그러니까 돌아가라고 했잖아.

근처에 사람이 있는지 아니면 스피커가 설치되어 있는 건지 찾으려 두 사람은 이리저리 두리번거렸다. 아무리 봐도 사람도, 스피커도 보이지 않았다. 대신 두 발로 서서 발톱으로 스마트폰을 두드리는 작은 개만 있을 뿐이었다. 자세히 살펴보니, 그 개가 발톱으로 스마트폰을 두드릴 때마다 기계 음성이 나왔다.

"아!"

두 사람은 그제야 말하는 개의 정체를 알아챘다. 바로 스마트폰의 음성 프로그램을 이용하는 개들이었다.

미안하지만 우리 정체를 나라가 알면 안 돼. 그러면 또 실험당하고 말 테니까.

"실험?"

정신 차리고 주변을 봐.

개의 말에 두 사람은 천천히 주변을 둘러보았다. 눈앞에 펼쳐진 믿을 수 없는 광경에 둘은 흑 하고 숨을 삼키며 저도 모르게 두 손으로 입을 막았다.

구덩이 안은 하얀 개 뼈로 가득했다. 다희와 아영은 그야말로 '뼈 무덤' 안에 있었다.

"아니, 이게 무슨……. 설마 이거 다 개 뼈야?"

그래. 실험에 희생당한 친구들의 뼈다.

오싹하고 무서운 기분에 다희는 몸이 덜덜 떨렸다. 그럼에도 용기 내어 개들에게 물어봤다.

"실험? 아까부터 그게 무슨 말이야? 여기서 대체 무슨 일이 있었던 건데?"

그건……

개들은 침울해하며 그간 있었던 모든 일을 들려주었다. 듣고도 믿기 힘든 이야기였다.

이 땅의 주인 천재영은 천재적인 약사였다. 유명한 제약 회사에서 탁월한 신약들을 개발하며 승승장구하던 천재영은 어느 날 '머리가 좋아지는 약'을 개발하기로 마음먹었다. 그러나 회사에서는 실현 가능성이 없고, 위험하다고 판단해 그 약을 만드는 것을 허가해 주지 않았다. 천재영은 혼자서라도 그 약을 개발하기 위해 이 산으로 들어와 열심히 연구하기 시작했다.

약을 개발하는 동안 약이 잘 개발됐는지는 개를 통해 확인했다. 약의 부작용으로 실험견이 죽으면, 이 구덩이에 던져 넣고 다른 개를 데려와 또 실험했다.

구덩이에 210마리째 개가 던져진 뒤, 드디어 천재영은 머리가 좋아지는 약을 만드는 것에 성공했다. 211번째에서 230번째 실험견까지 모두 죽지 않고 사람만큼 머리가 좋아졌다. 의기양양해진 천재영은 지금보다 더 똑똑해지기 위해 본인이 만든 약을 직접 먹었다. 그러나 그 약엔 사람에게 치명적인 부작용이 있었고, 그걸 알지 못했던 천재영은 허무하게 목숨을 잃고 말았다. 그렇게 똑똑해진 스무 마리의 개들만이 남아 이 산에서 살아가게 된 것이다.

"구국이나 견부락의 후손은 아니구나……."

아영이 작은 목소리로 중얼거렸다. 이 개들은 역사 속 신비의 종족이 아닌, 그저 현대 과학의 결과물일 뿐이었다.

사람 눈에 띄어 봤자 좋을 일 없어. 말하는 개 같은 건 괴물 취급받을 게 분명하고, 사람들 사이에서 섞여 살 수도 없을 테니까. 하지만 길 잃은 사람이나 다친 사람을 보고는 가만 있을 수 없어서 몇 번 도와주었어. 그랬더니 소문이 나서 이렇게 사람들이 우릴 찾아오게 돼 버린 거야.

스마트폰을 쥔 개가 우울한 표정으로 말했다.

따라서 우울해하던 것도 잠시, 좋은 생각이 났는지 아영은 손가락으로 딱 소리를 내며 눈을 반짝였다.

"잠깐, 어차피 우리는 너희가 전설 속 부족인 줄 알고 보호하려던 참이었어. 우리를 따라와, 안전하게 머물 곳을 구해 줄게! 우리는 이상한 사람이 아니야. 특별수사청 소속 공무원들이니까 믿어도 돼!"

그러나 개들은 단박에 아영의 제안을 거절했다.

아니, 절대 안 돼! 나라에서 우리의 정체를 알면 분명 우리를 가지고 실험할 거야!

그래, 천재영은 의심이 심해서 누가 자기 연구 결과를 훔쳐 갈까 봐 무서워했어. 그래서 연구 기록을 하나도 남기지 않고 모조리 머리로 기억했어. 즉, '머리가 좋아지는 약'을 만드는 방법은 아무도 모르는 거야.

그러면 사람들이 어떻게 하겠어? 약을 만드는 방법을 알기 위해 성공한 샘플인 우리를 실험하고 해부할 게 틀림없어.

맞아. 또 인간의 욕심 때문에 죽을 위험에 처하라고? 절대 그럴 순 없어.

개들이 입을 모아 컹컹댔다. 그 말에 다희와 아영은 아무 대꾸도 할 수 없었다. 절대 아니라고 확신할 수 없었기 때문이다.

다희와 아영은 서로를 물끄러미 바라보았다.

"언니……."

"다희 님……."

말하지 않아도 서로 무슨 생각을 하는지 알 수 있었다. 오히려 괴물 팀이 끼면 낄수록 개들은 더 불행해질 사건이었다. 두 사람은 마주 보며 고개를 끄덕였다. 그리고 다희가 일어나 개들에게 말했다.

"그래, 너희 사정은 잘 알았어. 우리는 아무것도 찾지 못했다고 보고할게. 너희는 지금처럼 쭉 여기서 살면 돼."

다희의 말에 개들이 놀란 표정을 지었다. 잠시 자기들끼리 이야기를 하는 듯하다가, 어느 순간 말없이 자리를 비웠다.

개들이 떠난 뒤에도 다희와 아영은 한참 동안 구덩이 안에 갇혀 있었다. 물론 휴대폰으로 구조 요청을 하려면 할 수도 있었다. 그러나 그러지 않은 건 구덩이 안을 보일 수 없기 때문이었다. 구조

대가 구덩이 안에 가득한 개들의 뼈를 본다면, 분명 이곳에서 심각한 일이 있었다는 걸 눈치챌 테고, 그러면 추가 조사원을 파견할 게 틀림없었다.

갑자기 날이 흐려지더니 비 한 방울이 다희 머리 위에 떨어졌다.

"아, 비가 올 것 같아요."

"큰일이네요. 비가 오면 나가기 더 어려워질 텐데."

아영이 열심히 구덩이를 타고 오르려고 했지만, 너무 높고 미끄러워서 계속 실패하고 있었다. 이러다 구덩이에 물이라도 차면 나가기는커녕 여기서 이 뼈들이랑 같은 신세가 될지도 몰랐다. 다희의 얼굴이 급격히 어두워졌다.

"어떡하죠? 구조 요청을 하는 수밖에 없을까요?"

두 사람이 고민하고 있을 때, 갑자기 컹컹하는 소리와 함께 개들이 다시 나타났다.

구조 요청을 하지 않았군.

"왜냐면……."

설명 안 해도 된다. 너희들의 마음은 충분히 알았다. 자, 이걸 잡고 올라와.

걔들이 구덩이 아래로 밧줄을 내려 주었다. 다희와 아영은 그걸 잡고 드디어 구덩이 밖으로 나올 수 있었다. 그런데 걔들의 모습이 아까와는 사뭇 달랐다. 하나같이 등에 커다란 가방을 메고 있었다.

걔들의 리더로 보이는 시츄가 탁탁 발톱으로 스마트폰을 눌러 말했다.

너희들이 보고하든 하지 않든 우리는 떠나기로 했다. 이미 소문이 너무 많이 퍼져서 더는 여기서 살 수 없다. 어쨌든 우리의 비밀을 지키려고 해 줘서 고맙다. 다음에 우리를 본다면 그때도 모른 척해 주길 부탁한다.

"아……."

시츄의 말에 다희와 아영은 안타까움을 감출 수 없었다.

그렇지만 이대로라면 세상에 알려지는 것은 시간문제였다.

"어디로 가려고?"

사람들 눈에 띄지 않는 곳이라면 어디든.

"그래, 어디로 가던 잘 지내길 바랄게."

고맙다.

스무 마리의 개는 짧게 손을 흔든 뒤, 줄지어 깊은 산속으로 사라졌다. 떠나는 개들의 뒷모습을 보며 다희는 생각했다.

'저들이 과연 사람의 손이 닿지 않는 자기들만의 견부락을 만들 수 있을까? 어렵겠지만 부디 저들만의 낙원을 찾으면 좋겠다.'

잿빛 하늘 사이로 추적추적 빗방울이 떨어지는 저녁, 다희와 아영은 실험견들의 무덤에 애도하는 기도를 올리고 천천히 산에서 내려왔다.

두 발로 걷고 말하는 개가 있다?

개들의 나라가 있었다?

조선 후기의 역사책 《해동역사》에는 '구국'이라는 개들의 나라에 관한 내용이 나옵니다. 구국 사람을 '사람과 비슷해 보이는 벌거벗은 형체가 개를 안은 모습으로 나타났다가 배를 보고 놀라서 도망쳤다.' 라고 설명하고 있지요. 이를 통해 구국 사람은 옷을 입는 문화가 없으며 개를 아주 중요시하고, 사람을 무서워하거나 싫어하는 종족이라고 볼 수 있습니다. 구국에 대한 이야기는 조선 후기의 학자 이덕무가 쓴 글인 《앙엽기》에도 몇 개 실려 있는데, '머나먼 어느 나라에 가면 몸은 사람이고 머리는 개인 종족이 있었다.'라고 나와 있습니다.
조선 시대 때 여진족을 정벌한 일을 기록한 《북정록》에는 조금 더 믿을 만할 개들의 나라에 대한 이야기가 나옵니다. 거기에는 머나먼 땅으로

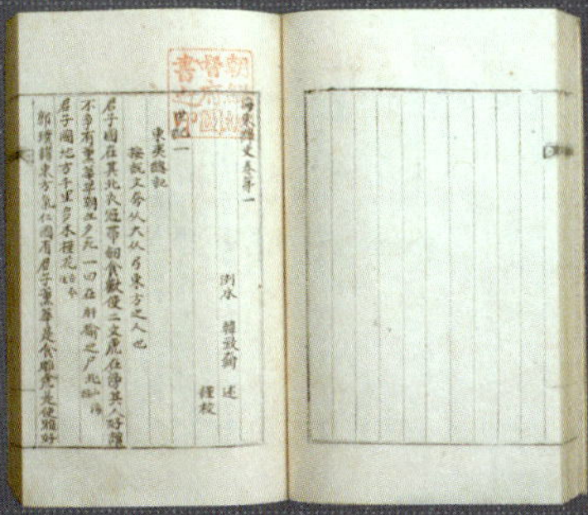

조선 후기 실학자 한치윤이 고조선부터 고려까지 우리나라의 역사를 기록한 책 《해동역사》입니다. 우리나라와 중국, 일본 역사책에서 우리나라에 관한 기록을 모아서 엮었습니다.

떠난 조선 사람들이 견부락 또는 개부락이라고 하는 낯선 민족을 접한 이야기가 실려 있습니다. 견부락은 '개들의 마을, 개들의 부족'이라는 뜻이지요. 그렇지만 조선 사람들이 이들을 견부락이라고 부른 이유는 개 썰매를 타고 다니는 습성이 있었기 때문이라고 합니다. 그냥 개를 중시하는 문화를 가진 사람들이었던 거지요.

이런 것을 봤을 때 사람처럼 두 발로 걷고 말하는 개가 사는 마을은 없었을 가능성이 높습니다. 교통이 발달하지 않아 다른 나라 사람과 만날 기회가 적었던 옛날 사람들이 자신과 다른 모습을 하고 있으면서 개와 친숙한 이방 민족을 보고 상상력을 가미해서 이렇게 말한 걸지도 모르겠습니다.

똑똑한 건 우리도 뒤지지 않는다!

개는 최대 1000개의 단어까지 배울 수 있고, 사람의 감정을 읽을 수 있는 영리한 동물입니다. 사람과 유전자가 거의 비슷한 침팬지와 오랑우탄도 도구를 만들어 쓸 수 있고, 사람의 행동을 따라 할 수 있지요. 세상에는

바닷속을 자유롭게 다니는 문어의 모습입니다. 문어는 병 속에 갇혀 있어도 병뚜껑을 열고 나오고, 미로에서 탈출할 수 있을 정도로 똑똑합니다.

개와 침팬지, 오랑우탄 말고도 수많은 똑똑한 동물들이 있습니다. 우선, 조류 중에서는 까마귀가 가장 똑똑합니다. 새들 사이에서 가장 큰 뇌를 갖고 있기도 하지요. 영국 연구 팀이 까마귀의 능력을 시험해 본 결과, 까마귀는 도구를 쓸 줄 알고, 원하는 길이로 나뭇가지를 잘라서 쓰기도 했다고 합니다.

바다에 사는 똑똑한 동물로는 문어가 손꼽힙니다. 문어는 간단한 도구를 쓰며 다양한 사냥 전략을 씁니다. 거기에 장기 기억 능력을 갖고 있고 시각 능력도 뛰어난 것으로 밝혀졌습니다.

똑똑한 것으로 유명한 돌고래 중에서 큰돌고래는 가장 큰 뇌를 가졌습니다. 큰돌고래의 뇌 크기는 성인 남성의 평균 뇌 크기보다도 크지요. 그래서 과학자들은 큰돌고래가 사람 다음으로 뇌가 발달한 동물이라고 생각합니다. 특히 뇌에서 사고력과 언어, 감정, 기억력을 담당하는 대뇌 피질이 발달해서 사람처럼 감정을 느끼고, 언어 소통 능력과 높은 기억력을 갖고 있다고 과학자들은 추측하고 있습니다.

머리가 좋아지는 약이 정말 있을까요?

머리를 맑게 하고 기억에 도움을 준다고 알려진 한약 '총명탕'은 우리나라에서 수험생과 학부모에게 인기 있는 한약입니다. 실제로 총명탕은 혈액 순환을 원활하게 하여 뇌세포가 활발하게 움직이게 하고, 체력을 길러 주는 효능이 있다고 해요. 또, 화를 내려 줘 마음을 안정시키고, 집중력을 높여 준다고 하지요. 알츠하이머 치매를 일으키는 아포토시스를 억제하는 효과도 있다고 보고되기도 했습니다. 그러나 총명탕을 만능으로 여기기보다는 기억력과 집중력을 높이는 것을 도와주는 장치로만 여겨야 해요.

사람을 돕는 개들은 더 똑똑한 걸까요?

산사태, 지진과 같은 사고가 났을 때 사람을 찾고 구조하는 인명 구조견으로는 독일셰퍼드와 세인트버나드가 주로 활동하고, 공항이나 항구에서 마약을 탐색하는 마약 탐지견으로는 비글, 코커스패니얼과 같이 후각이 발달한 견종이 쓰여요. 시각 장애인의 길을 안내해 주는 시각 장애인 안내견으로는 온순한 래브라도리트리버가 많이 활동하고 있지요. 이 개들이 특별히 더 똑똑하다기보다는 사람들이 각 역할에 맞는 특성과 능력을 갖추고 있는 개들을 훈련해 도움을 받는 것이라고 볼 수 있답니다.

독일셰퍼드는 충성스러우면서 용감해서 인명 구조견으로 많이 활동합니다.

사건 파일 5 타방지신

스스로 움직이는 귀신이 붙은 배

"우아, 밤바다, 로맨틱하다!"

"로맨틱은 무슨. 춥고, 어둡고, 바람은 쌩쌩 불고……."

"아이고, 로맨틱 다 죽는다!"

다희의 건조한 말에 아영이 듣기 싫다는 듯 냅다 귀를 막아 버렸다. 그래도 다희는 투덜거리는 걸 멈추지 않았다.

'또 바다에 오다니!'

거악 사건도 그렇고, 생사귀 사건도 그렇고, 다희에게 바다는 좋은 추억보다 찝찝한 기억이 더 많은 곳이었다. 사건을 해결해 달라는 마을 사람들의 간곡한 부탁만 아니었다면 다희는 절대 이곳 남해까지 오지 않았을 것이다.

"타방지신인지 뭔지, 빨리 해결하고 돌아가요."

"대게랑 조개구이도 먹어야 되고, 띠배도 띄워야 하는데……."

아영이 다희의 등 뒤에서 다 들리게 투덜거렸다. 이번엔 다희가 못 들은 척 고개를 돌려 버렸다.

돌아본 시선의 끝, 그곳엔 시꺼먼 바다가 있었다. 너무나 어두워서, 가끔 밀려오는 하얀 거품 외엔 아무것도 보이지 않는 바다, 새까맣고 새까만 이 공간을 쏴 거대한 파도 소리가 가득 채우고 있었다.

'여기에 귀신 붙은 배가 떠다닌다고? 하, 그럴 리가. 이 세상에 귀신 따위는 없다. 파도에 흔들리는 배를 착각했겠지. 바다를 떠다니는 건 인간들이 버린 쓰레기뿐이라고!'

다희는 차갑게 생각했다.

남해의 작은 항구 도시인 이곳에는 띠뱃놀이, 혹은 매생이배 놀이라고 하는 풍습이 있다. 어민들이 액땜을 위해 짚이나 풀로 만든 배를 색색의 실과 천으로 장식하고, 떡, 과일, 생선 등을 담아 바다에 띄워 보내는 풍습이다. 예전엔 그런 띠배들이 제법 컸지만, 이젠 장난감 모형 배 정도의 크기로 작아졌다.

당신의 액운을 바다에 띄워 보내세요!

마을 자치회의 주도로 '띠배로 액땜하기'라는 관광 상품이 개발되었기 때문이다. 1년에 한 번 제사가 있던 날만 하던 띠배 행사는 이제 매주 주말마다 열렸다.

그런데 어느 날부터 띠배 중에 귀신 배가 있다는 소문이 돌기 시작했다. 파도에 따라 흘러가는 보통 띠배들과 달리, 마치 생명을 가진 것처럼 스스로 움직이고, 심지어는 강한 바람이나 물결을 거슬러 올라오기까지 한다는 것이다. 목격자가 한둘이 아니었고, 시간이 지날수록 소문은 일파만파로 커졌다. 옛 전설에서 따와 '타방지신'이라는 이름까지 붙었다.

타방지신은 17세기 조선 시대의 책 《남사록》에 나온 신의 이름이다. 제주도에서 바람의 신을 받드는 의식을 할 때, 바다에 신령을 떠나보내는 단계가 있는데, 이때 띄우는 배를 타고 다니는 신령이 있고, 그 신령을 타방지신이라고 부른다는 것이다.

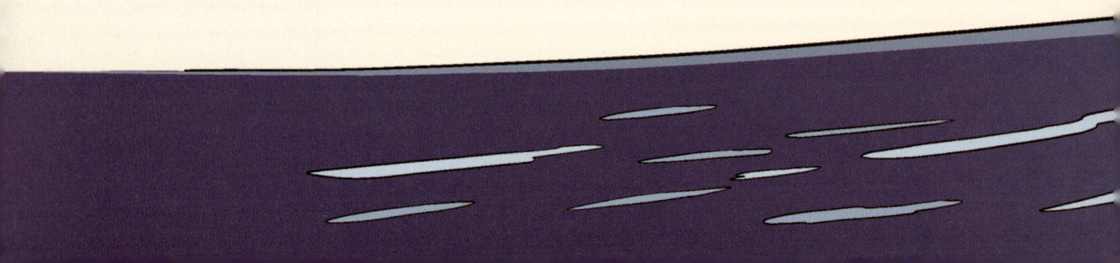

귀신 배가 나타났다는 소문이 퍼지자, 사람들은 전설 속 타방지 신이 현대에 나타났다고 수군거렸다. 그러면서 마을 관광객이 그야

제멋대로 움직이는 귀신 배 사건

사건 개요

남해의 항구 도시 근처 마을에서 스스로 움직이고, 물결을 거슬러 올라오는 배가 목격되고 있다고 함.

제보 내용

- 띠뱃놀이 행사를 하던 중이었어요. 띠배가 바다로 어느 정도 나아갔을 때 유독 혼자서만 다른 방향으로 움직이는 배가 있었어요. 나중에는 다른 배들과 아예 다른 방향으로 갔어요. 귀신이 쓰인 배가 틀림없어요.
- 띠뱃놀이 행사를 할 때 귀신 배가 나타난다고 해서 와 봤어요. 진짜 유독 혼자만 이리저리 움직이는 배가 있었어요!
- 우리 마을 관광 사업을 위해서는 말하면 안 되지만, 제가 직접 본 걸요. 속도도 다른 배들하고는 비교도 안 돼요. 혼자만 모터를 단 것처럼 빨리 나가더라고요.

Sign in

Password

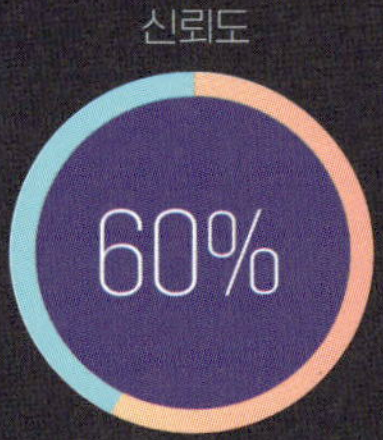

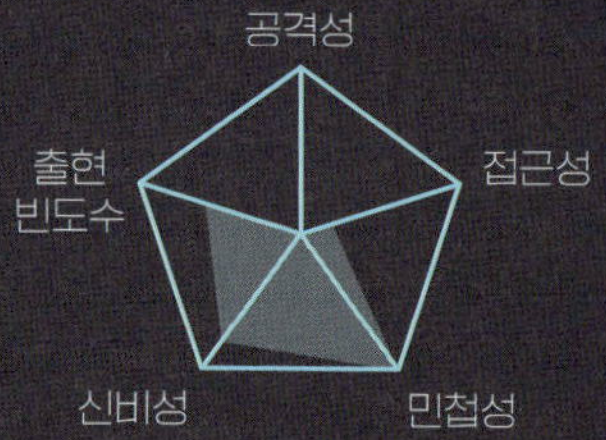

피해자

◆ 마을 주민들

귀신 배가 나타났다는 소문이 퍼지면서 마을 관광객 수가 반 토막이 남. 거기에 관광객들이 귀신 배를 보겠다며 소란을 피워 한시도 조용한 날이 없음.

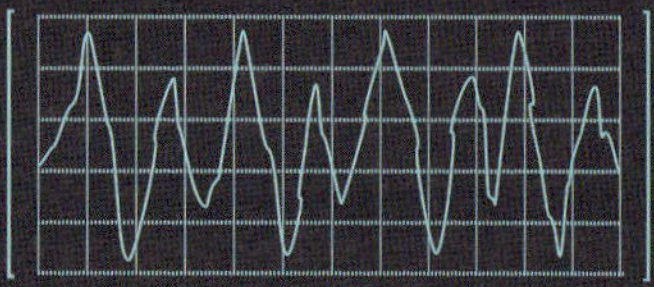

말로 반 토막이 났다. 특히 연인, 가족 단위의 관광객이 바닥을 쳤다. 그 대신 이전에는 오지 않던 성향의 관광객이 오기 시작했다. 바로 괴담 마니아와 괴담 방송 크리에이터 들이었다. 또 담력을 시험하고 싶은 젊은이들도 찾아왔다. 하지만 마을 사람들은 새로운 관광객을 반기지 않았다. 담력 시험을 한다면서 밤에 비명을 지르며 소란스럽게 하거나, 카메라를 들고 마을 이곳저곳을 멋대로 찍어 댔기 때문이다. 마을 사람들은 원래 오던 연인이나 가족 같은 관광객이 다시 찾아오기를 간절히 바랐다. 그래서 특별수사청 괴물팀에 출동을 간곡하게 요청했고, 다희와 아영이 이곳까지 오게 된 것이다.

바뀐 관광객의 성향에 맞춰 낮에 하던 띠배 띄우기 체험도 밤에 진행되었다. 다희와 아영은 사건을 조사하기 위해 괴담 마니아와 방송 크리에이터, 그리고 담력을 시험하고 싶은 사람들과 함께 배를 탔다.

어두운 밤, 배는 까만 바다를 미끄러지듯 부드럽게 헤치고 나아갔다. 그렇게 물살을 헤치며 달린 지 30분쯤 지났을까, 바다 한가운데 도착한 배가 멈췄다. 띠배를 띄우기 위해서였다.

"액운을 띄워 보내세요."

가이드가 관광객들에게 작고 귀여운 띠배를 하나씩 건네주었다.

짚으로 만들어진, 오색 천으로 꾸민 띠배. 사람들은 저마다 배를 쥐고 기도를 올렸다. 올해 자신의 모든 액운이 이 작은 띠배를 타고 먼바다로 쓸려 가게 해 달라는 뻔하고 뻔한 기도들이 들려왔다. 짧은 기도의 시간이 끝난 뒤 사람들은 하나둘씩 어두운 바다 위에 띠배를 띄웠고, 띠배는 파도를 타고 두둥실 먼바다로 나아갔다. 모두가 멀어져 가는 띠배를 보던 그때, 배에 타고 있던 누군가가 호들갑을 떨기 시작했다.

"오오, 사람들이 띠배를 띄우자, 전자파 수치가 올라가기 시작했습니다! 정말 타방지신이 나타난 걸까요? 오싹오싹하네요!"

휴대폰으로 인터넷 생방송을 하고 있는 사람, 다희와 아영은 그 사람이 누군지 바로 알아보았다. 인어 사건과 서천객 사건 때도 만난 적 있는 괴담 전문 크리에이터였다. 그 크리에이터는 몹시 흥분하며 전자파 탐지기를 자신의 휴대폰 화면에 들이대고 있었다.

'전자파가 제법 높게 나왔나 보지?'

다희는 이렇게 생각하며 남몰래 한숨을 푹 쉬었다.

전자파 탐지기를 들고 있는 사람은 그 크리에이터뿐만이 아니었다. 너도나도 귀신을 찾겠다며 카메라 앞에 전자파 탐지기를 들이밀고 있었다. 그런 광경을 보고 있자니 다희는 영 마음이 불편했다.

과학적으로 따져 보면 전자파는 신비로운 힘 같은 것이 아니다. 그저 빛일 뿐이다. 그렇기 때문에 눈에 보이지 않는 귀신이 전자파로 감지된다는 주장은 옳지 않았다. 그저 전자파가 빛이라는 걸 모르고 하는 잘못된 주장일 뿐이었다. 그것도 모르고 귀신이 나타났다며 호들갑을 떨다니, 다희는 내심 안타깝게 생각했다.

"이 수치를 보십시오! 자연적으론 절대 나올 수 없는 수치입니다. 지금 여기는 바다 한가운데, 송전탑도 없고, 전자파를 뿜어낼 만한 다른 어떤 것도 없는데 이렇게 높은 수치가 나온 것입니다. 거짓말도 조작도 아닙니다. 보시다시피 이건 생방송이니까요. 띠배를 띄우기 전엔 정상 수치였던 전자파가 지금은 이렇게 강해졌다고요!"

괴담 크리에이터의 호들갑은 멈추지 않고 이어졌다. 그러자 배 위의 사람들도 점점 그 사람에게 휩쓸려 겁을 먹기 시작했다. 아영도 정말 귀신이 나타난 게 아닌가 긴장하며 괜히 어깨를 쓸고 있었다. 다희가 그런 아영에게 퉁명스레 한마디 하려는 순간, 누군가

까만 바다를 가리키며 소리를 질렀다.

"나왔다!"

소리를 지른 사람의 하얀 손끝이 향한 바로 그곳엔…… 물살을, 바람을 거스르며 자기 멋대로 질주하는 띠배가 있었다.

"꺅, 나왔다! 귀신 배야! 타방지신!"

제멋대로 바다를 가로지르는 띠배의 모습에 사람들이 비명을 질렀다. 아영도 마찬가지였다. 꺅 소리를 지르며 다희를 품에 끌어안아 숨기려고 했다. 하지만 다희는 그 손을 뿌리치고 갑판 끝까지 달려가 귀신 배를 노려보았다.

"말도 안 돼!"

아무 장치도 없는 짚으로 만든 배가 저렇게 여러 방향으로 빨리 움직일 수는 없을 터였다. 다희는 눈을 부릅뜨고 배를 더 자세히 보려고 했지만, 너무 멀리 있고, 주변이 너무 어두워서 희끄무레한 형체만 겨우 볼 수 있었다.

"타방지신, 타방지신이 나왔습니다! 보이죠? 저기 짚으로 만든 배가 이리저리 제멋대로 나다니는 모습이! 여러분, 여기는 남해, 제가 찍었습니다다아아!"

괴담 크리에이터의 흥분한 외침과 함께 타방지신은 저 멀리, 저 멀리로 달려갔다. 더 이상 보이지 않는 저 바다 너머까지 말이다.

"으, 무서웠어요. 진짜 타

방지신이라니. 저걸 우리가 어떻게 상대하죠?"

귀신 배가 사라지자, 아영이 울먹이면서 말했다. 하지만 다희는 깊은 생각에 잠겨 한참 아무 대답도 하지 않았다.

그렇게 한차례 흥분이 배를 휩쓸고 지나간 뒤, 착 가라앉은 사람들은 뭍으로 돌아왔다. 뭍에 발을 디딘 뒤에야 생각을 마친 다희는 아영에게 말했다.

"특별수사청에 연락해서 더 강력한 전자파 탐지기를 빌려 와야 할 것 같아요. 정보 팀도 몇 명 불러와서, 방금 전의 전자파를 더 정밀하게 조사해 달라고 하자고요."

아영은 두말하지 않고 바로 특별수사청에 전화를 걸었다. 아영이 통화하는 소리를 들으면서, 다희는 매섭게 밤바다를 노려보았다.

'타방지신, 네가 무엇이든 그 정체를 밝혀내고 말겠어. 넌 귀신도, 신도 아니야. 왜냐면 이 세상에 귀신 따위는 없으니까.'

다음 날, 특별수사청 정보 팀이 장비를 가지고 도착했다. 그러자 너무나도 쉽게 타방지신의 윤곽이 드러나기 시작했다. 정보 팀은 전자파를 분석해 저 바다 어딘가에 강력한 전자파를 뿜는 장치가 있다는 것과 그 장치의 위치까지 알아냈다. 정확한 위치가 밝혀

지자마자 다희와 아영은 곧바로 정보 팀 대원 두 명과 함께 배를 타고 문제의 장소로 향했다.

한참을 달려 먼바다 한가운데, 전자파가 뿜어져 나온다고 의심되는 장소에 도착했다. 아직 고요해 보이는 바다에서 아영은 다희를 향해 투덜거렸다.

"무당이나 종교인 없이 타방지신을 직접 찾으러 오다니, 조금 무모한 거 아닐까요? 그래도 신인데! 영적인 능력으로 공격하면 우리가 대응할 방법이 전혀 없……."

바로 그때였다.

촤촤촤촤촥!

바다를 가르며 타방지신이 다시 나타난 것이다. 다희는 불쑥 나타난 타방지신을 가리키며 아영에게 소리를 질렀다.

"언니, 또 나왔어요!"

"아악!"

"언니, 쏴 버려요! 당장 쏴서 맞혀 버려요!"

아영은 반사적으로 품에서 총을 꺼내 타방지신을 향해 쐈다.

탕!

단 한 발, 그걸로 타방지신은 바다 위에 뒤집어져서 더는 움직이지 않았다. 아영은 자기가 쏴 놓고도 얼떨떨해하며 정신을 차리지 못했다.

"어? 내가…… 귀신을 잡은 거예요?"

"언니, 세상에 총 맞았다고 멈추는 귀신이 어디 있어요. 애초에 귀신이 아니었던 거죠."

말은 톡 쐈지만, 다희는 싱글벙글한 얼굴로 준비해 둔 긴 뜰채를 가지고 왔다. 그리고 뜰채로 엎어진 타방지신을 건져 냈다. 드디어 괴물 팀 손에 들어온 정체불명의 배, 타방지신. 두 사람은 그 배를 유심히 바라보았다. 물에 떴을 때 보이는 윗부분은 평범한 배와 같았지만, 배를 뒤집자 아랫부분에 달린 기계가 보였다. 바로 수중 드론이었다. 수중 드론이 물에 잠겨 보이지 않아서 배가 바람도, 파도도 무시하고 자유자재로 달리는 것처럼 보였던 것이다.

"도대체 누가 이런 짓을……."

"언니, 이것 봐요."

다희가 배 안쪽에 붙어 있던 비닐봉지를 발견했다. 비닐봉지를

뜯어보니, 안에서 분홍색 알약이 나왔다. 이게 뭔가 싶어 쳐다보고 있는데, 아영이 기겁하며 그 알약을 다희의 손에서 뺏었다.

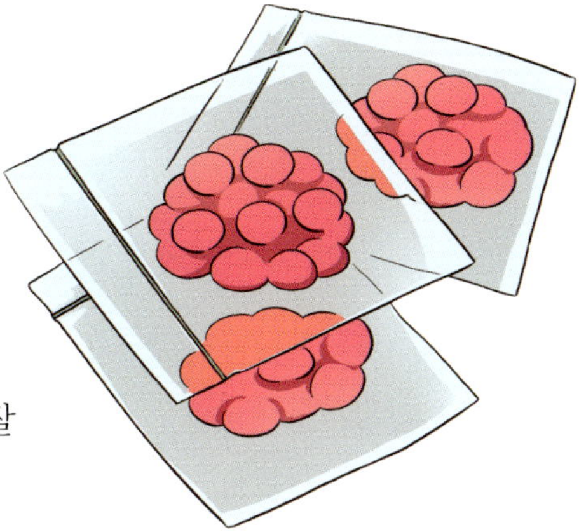

"세상에, 이거 그거잖아요! 공부 잘하는 약!"

"공부 잘하는 약?"

"네, 요새 교육열 높은 동네에서 돌고 있는 약이에요. 성적 때문에 스트레스를 받는 어린 학생들이 남몰래 이 약을 사 먹는다고 들었어요. 집중에 효과가 있을지는 몰라도, 중독성이 강해 아주 무서운 약이라고요. 세상에, 이게 왜 여기에 있지?"

순간 두 사람의 머릿속에서 같은 단어가 떠올랐다.

밀수.

그와 동시에 도미노처럼 모든 일을 훤히 추리할 수 있었다. 밀수꾼들이 공부 잘하는 약을 몰래 들여오기 위해 타방지신 사건을 일으킨 게 틀림없었다. 띠배 행사가 열릴 때를 틈타, 약을 실은 띠배를 뭍으로 보낸 것이다. 띠배가 뭍으로 와도 행사에 쓰인 배가 파도에 쓸려 온 줄 알고 사람들이 신경 쓰지 않을 거란 걸 이용한

게 분명했다. 자연스럽게 띠배 행사를 할 때 전자파가 더 높게 감지된 이유도 알게 됐다. 수중 드론이 움직이면서 전자파를 뿜어 댔을 테니 말이다.

부아아아앙!

막 타방지신의 정체가 밝혀졌을 때, 어디선가 위협적인 뱃고동 소리가 울렸다. 그리고 바다 저편에서 거대한 형체가 나타났다. 커다란 검은 배 위에 타고 있는 험악한 사람들, 밀수꾼이 틀림없었다. 갑자기 수중 드론의 신호가 끊기니 찾으러 온 모양이었다.

"다희 님, 뒤로 숨어요. 꼼짝 마! 우리는 특별수사청 괴물 과학 수사대다!"

아영은 곧바로 밀수꾼들에게 총을 겨누며 소리쳤다.

갑판에 보이는 밀수꾼은 세 명이었다. 그 정도는 아영이 눈 깜짝할 새 제압할 수 있었다. 그러나…… 갑자기 배 안에서 한 무리의 밀수꾼이 더 나왔다. 못해도 열 명은 넘어 보였다. 그리고 그 밀수꾼들은 한 명 한 명 모두 총을 들고 있었다. 다희도, 아영도 놀라 뒷걸음질 칠 수밖에 없었다. 정보 팀 두 명도 총은 있었지만, 그다지 사격 솜씨가 좋진 않았다. 총을 쏠 줄 모르는 다희는 더 말할 것도 없고 말이다. 아무리 날고 기는 아영이라도 열 명이 넘는 밀수꾼들을 상대하기는 어려웠다. 절체절명의 순간, 무기를 버리고 투항해야 하나 싶던 그때…….

"으억!"

지지직 소리와 함께 덩치 큰 밀수꾼 두 명이 맥없이 쓰러졌다.

"어?"

어리둥절한 두 사람을 향해, 쓰러진 밀수꾼 뒤에 있던 밀수꾼이 갑자기 복면을 벗으며 소리쳤다.

"아영, 같이 공격해!"

너무나도 익숙한 목소리였다. 아영은 그 목소리를 듣자마자 바

로 밀수꾼의 배 위로 뛰어 올라가 맞서 싸우기 시작했다.

탕탕, 지지직, 쿠당탕, 퍽퍽.

총소리, 그리고 서로 때리고 부딪치는 소리가 쉴 새 없이 울려 퍼지기 시작했다. 다희는 그 광경을 넋을 놓고 보고 있었다. 아영이 듣자마자 반응했던 그 목소리는 다희도 익히 알고 있는 목소리였다. 바로 다희의 엄마, 복면을 벗은 모습도 틀림없는 정해수였다. 아영과 해수가 눈부신 활약을 펼치며 밀수꾼들을 잡는 동안 다희는 해수에게서 도저히 눈을 뗄 수가 없었다.

타방지신 사건의 범인도 잡히고, 남해의 작은 마을도 평화를 되찾았다. 특별수사청은 밀수꾼들을 바로 경찰에 넘겼고, 경찰은 학원가를 중심으로 공부 잘하는 약에 대한 집중 단속과 중독자 치료에 나섰다. 완벽한 해피 엔딩이었다. 한참 동안 오리무중이던 정해수 실종 사건도 해결되었고 말이다.

다희 엄마, 정해수가 연락도 없이 오랫동안 실종된 이유는 듣고 보니 더 엄청났다. 정해수는 타방지신에 대한 소문이 막 나기 시작했을 때부터 무언가 심상치 않음을 느끼고 단독으로 조사를 시작했다. 그러다 밀수꾼 조직에 들어가야만 사건을 해결할 정보를 얻을 수 있다고 판단해 밀수꾼으로 위장해서 조직에 합류하는 데 성공했다. 의심 많은 밀수꾼들을 안심시키기 위해 휴대폰, 노트북, 스마트워치와 같은 모든 통신 장비를 버려야 했지만 괜찮았다. 해수는 정보만 쏙 빼낸 다음에 언제든 도망칠 자신이 있었기 때문이다. 그렇게 밀수꾼 무리에 들어가 살펴보니, 이들은 밀수만이 문제가 아니었다. 가난한 나라에서 어린이를 사서 노예처럼 부리고 있었던 것이다. 다희보다 어린 세 명의 아이가 배에서 맞고 욕을 먹어 가면서 밀수꾼들의 빨래와 청소, 요리를 해 주고 있었다. 필요한 정보는 진작에 다 빼냈지만, 해수는 도저히 그 아이들만 두고 배에서 빠져나올 수 없었다. 하지만 해수는 그 어린이 세 명을 데리고 탈출할 실력까진 되지 않았다. 어쩔 수 없이 언젠가 괴물 팀이 타방지신 소문을 듣고 이 사건을 조사하러 올 거라 믿고, 아이들을 지키며 배에 남아 밀수꾼 생활을 계속할 수밖에 없었다. 혼자 남겨 두고 온 다희가 눈에 밟혔지만, 개인 정보에 자신의 대리인으로 다희를 적어 놓았으니, 아영이 돌봐 주고 있을 거라 확신했다.

해수는 밀수꾼들의 친한 동료가 돼서 더는 아이들을 때리지 못하게 설득하고, 아이들에게 교육도 해 주며 동료들이 오기만을 기다렸다. 그리고 마침내 다희와 아영이 타방지신 사건을 해결하러 나타난 것이다.

해수는 특별수사청 본부장에게 불려 가 한참을 혼나고 난 다음에야 집에 돌아올 수 있었다. 그러나 해수를 반갑게 맞아 주는 이가 하나도 없었다. 다희는 무표정하게 앉아 있을 뿐이었고, 아영은 그런 다희의 눈치를 보고 있었다. 잠깐 침묵이 흐르고 다희는 피곤하다는 듯 긴 한숨을 쉰 뒤, 차가운 목소리로 입을 열었다.

"엄마, 허락해 주시면 전 계속 아영 언니네서 지내고 싶어요."

"뭐? 왜?"

"언니네가 더 편하고, 엄마도 제가 없어야 지금처럼 자유롭게 사건 조사하면서 지낼 수 있잖아요."

"엄마가 말도 안 하고 사라진 것 때문에 그래? 말했잖아, 어쩔 수 없는 사정이 있었어. 정말 미안해."

"미안해할 거 없어요. 어차피 엄마한테 기대도 한 적 없으니까요."

칼날보다 날카로운 다희의 말에 순간 어른들이 움찔했다. 하지만 다희는 멈추지 않았다. 아까 전보다 더 날카로운 말로 엄마를 계속해서 찔렀다.

"난 이제 엄마 필요 없어요. 난 어른이나 다름없다고요. 괴물 과학 수사대에서 한 사람 몫을 하고, 엄마 없이도 잘 지냈어요. 나는 엄마 없이 지내는 데 익숙해졌는데, 이제 와서 같이 지내자는 건 민폐예요. 불편하고 힘들다고요, 나는."

다희의 말은 도저히 멈출 줄을 몰랐다. 한번 터진 감정의 댐은 모든 것을 휩쓸고 부숴야만 멈출 것 같았다.

"엄마는 너무 이기적이에요."

"사람들 걱정은 안 해요? 아무리 상황이 그랬어도 편지 한 통 몰래 보낼 수 없었어요?"

"엄마는 원래 그랬어요. 아빠랑 살 때도 생일에나 전화를 걸었죠. 그것도 며칠 지나서 걸기 일쑤였고요."

"엄마는 엄마 자격이 없어요. 난 엄마가 싫다고요!"

해수는 그 길고 긴 원망의 말을 전부 다 들어 주었다. 다희가 숨이 차고 기운이 빠져 더는 말을 하지 못할 때까지…….

다희가 비로소 말을 멈추고 해수를 바라보기만 하는 그 순간이 되고 나서야, 해수는 아주 조심스럽게 다희를 끌어안았다.

"다희야, 미안해."

"……."

"엄마가 엄마 노릇 못한 거 알아. 하지만 엄마가 널 사랑하는 마음은 진심이야. 그것만 알아줘. 세상 그 누구보다도 널 사랑한단다."

해수는 차마 딸을 힘껏 끌어안지 못했다. 그것마저 싫어할까 두려운 듯했다. 다희는 자신의 등에서 해수의 손이 떨리는 걸 느꼈다. 그 순간, 자신 안에서 무언가가 와르르 소리를 내며 무너지는 것 같았다.

"너무, 너무했어요……."

다희는 그제야 어린애처럼 훌쩍이는 소리를 내며 해수를 마주 안았다. 힘껏, 있는 힘껏 말이다.

"너무했다고요! 그 애들을 걱정하고 사랑해 줬던 만큼만, 아니면 그 반만이라도 저를 생각할 순 없었어요? 내가 얼마나 걱정했는데…… 내가, 내가 얼마나……."

"미안해, 정말 미안해, 다희야. 엄마가 정말 미안해……."

오래 묵었던 감정이 눈물과 함께 천천히 씻겨 내려가기 시작했다. 아영 또한 눈물을 훔치며 그 모습을 바라보고 있었다. 밤은 깊어만 가는데, 온 집 안을 채운 우는 소리는 도저히 멈출 것 같지 않았다.

사람 없이 움직이는 **으스스한 배**가 있다?

바다의 평온과 풍년을 가져다주는 유령 배?

조선 중기 문신 김상헌이 안무어사로 제주도에 갔을 때 지은 여행 일기인 《남사록》에는 제주도에서 음력 2월에 바람의 신 영등에게 바다의 평온과 풍년을 기원하며 드리는 영등굿에 대해 나와 있습니다. 영등굿은 돛대를 갖춘 작은 배에 여러 가지 제물을 실은 뒤, 바다에 띄워 영등신을 떠나보내는 것으로 끝납니다. 이 배를 타고 드나드는 신을 '타방지신'이라고 부른다고 나와 있지요. 영등굿은 지금도 매년 계속되고 있으며 유네스코 인류 무형 문화유산으로도 지정되었습니다.

매년 음력 2월 14일에 영등굿이 벌어지는 칠머리당입니다. 영등신은 음력 2월 초하루에 제주에 들어와 보름에 섬을 떠난다고 해요. 그래서 이곳에서 벌어지는 칠머리당 영등굿을 영등 송별제라고 부르기도 하지요.

영등굿처럼 굿을 하고 마지막에 배를 띄워 신을 보내는 의식은 다른 해안 지방에서도 찾아볼 수 있습니다. 그중 대표적인 것은 전라북도 부안군 위도에서 정월 초사흗날에 하는 '위도 띠뱃놀이'입니다. 이 의식을 치를 때 바다에 띄워 보내는 배를 '띠배'라고 하지요. 영등굿을 할 때 띄우는 배나 띠배 모두 초자연적인 존재 때문이 아니라 파도나 바람을 타고 움직이는 것입니다. 그 배가 좋은 기운은 가져다주고, 안 좋은 기운은 갖고 가 버렸으면 하는 우리 조상들의 마음이 이런 의식에 담겨 있는 것이지요.

위도 띠뱃놀이에서 바다에 띄워 보내는 띠배의 모습입니다. 띠배는 띠의 어린잎과 짚, 싸리나무를 함께 엮은 뒤 돛대와 닻을 달아 배 형태로 만들어요. 배 안에는 제물과 허수아비를 싣습니다.

귀신의 실체를 연구한 과학자들

귀신의 존재를 믿지 않을 것 같은 과학자들도 귀신에 관한 연구를 꾸준히 해 왔습니다. 영국에서는 1882년 세계 최초로 심령 현상을 과학적으로 연구하는 심령 연구 협회(SPR, Society for Psychical Research)가 만들어졌고, 쟁쟁한 과학자들이 회원으로 가입했습니다. 이후 미국을 포함한 여러 나라에서도 비슷한 단체가 만들어졌지요.

수많은 실용적인 발명품을 만든 발명왕 에디슨도 유령에 관심을 가졌던 것으로 보입니다. 1919년 에디슨은 유령 탐지기를 만들 거라고 했거든요. 1년 뒤 미국의 과학 전문 월간지에 영혼의 소리 녹음 장치(EVP, Electronic Voice Phenomenon)라는 발명품을 소개하기도 했습니다. 하지만 이 유령 탐지기가 완성되었는지, 얼마나 연구되었는지는 알 수 없습니다. 전자파를 타고 흘러 다니는 유령의 소리를 녹음하는 기계라고 추측될 뿐이지요. 에디슨의 아이디어는 후대 사람들에게 영향을 줘 오늘날 많은 사람이 전자파로 유령과 대화하는 방법인 전자 음성 현상을 연구하고 있습니다. 소위 고스트 헌터라 불리는 사람들이 유령을 찾을 때 전자파 측정기를 쓰는 것도 에디슨의 아이디어에서 비롯된 것이지요. 그렇지만 학계에서는 전자 음성 현상을 인정하지 않습니다. 누군가 의도적으로 조작했거나 전파가 혼선된 것으로 보고 있습니다.

토마스 에디슨

호기심 과학 Q&A

전자파가 뭔가요?

전자파는 공간에서 전기장과 자기장이 주기적으로 변하면서 전달되는 파동을 말해요. 전자파는 파장의 길이에 따라 이름이 다릅니다. 파장의 길이가 가장 짧은 감마선부터 병원에서 엑스레이를 찍을 때 사용되는 엑스선, 비타민 디를 만들어 주는 자외선, 눈에 보이는 빛인 가시광선, 탐사 장비나 소독 장비에 쓰이는 적외선, 그리고 파장의 길이가 가장 긴 라디오파로 나뉘지요.

전자파가 발견되면서 통신 기술이 발달했어요. 전화로 멀리 떨어진 사람과 대화를 나누거나 텔레비전을 보는 것 모두 전자파가 있기에 가능한 일이랍니다.

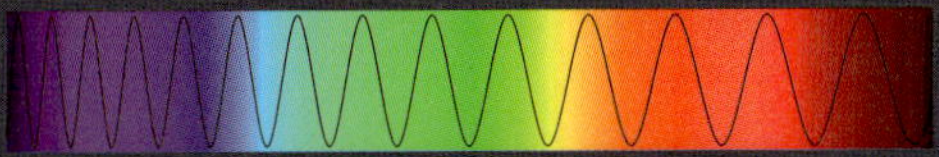

전자파

전자파는 몸에 나쁜가요?

일상생활에서 우리가 마주하는 전자파가 인체에 미치는 영향은 크지 않지만, 오랜 시간 노출되면 해로울 수 있어요. 그래서 전자 기기에 노출되는 시간을 조절하는 것이 필요합니다. 전자 기기는 필요할 때만 쓰고, 30센티미터 떨어져서 쓰는 것이 가장 좋습니다. 다 쓴 뒤에는 플러그를 뽑아 두면 전자파에 노출되는 것을 줄일 수 있지요. 특히 아직 신체적으로 미성숙한 어린이는 어른보다 전자파에 더 취약할 수 있으므로 전자 기기에 너무 오랫동안 노출되지 않는 것이 중요합니다.

사건 파일 6 서도신

잊힌 신의 저주일까? 군부대에 나타난 괴물 쥐

‘이제 괴물 팀도 졸업이겠지. 엄마도 돌아왔으니 더는 나를 부를 리가 없어.’

다희는 이렇게 생각하며 거실에 누워 과자를 먹고 있었다. 이상했다. 괴물 팀을 그만두면 속이 시원할 줄 알았는데, 막상 잘릴 판이 되니 마음이 착잡하고, 기분이 안 좋았다. 아영과 고물 차를 타고 털털털 현장으로 가던 기억과, 이상한 괴물 사건의 진실을 파헤치기 위해 고심했던 기억, 기원의 썰렁한 농담이 생각났다. 그렇게 얼마나 시간을 버렸을까, 갑자기 다희의 휴대폰이 진동하기 시작했다.

드르륵, 드르륵.

힘없이 고개만 돌려 화면을 확인한 다희는 깜짝 놀랐다. 이제 다시는 연락이 올 일 없다고 생각한 특별수사청 배치 담당 직원으로부터 전화가 온 거였다. 다희는 저도 모르게 더 씩씩하게, 신나게 전화를 받았다.

“네! 특별수사청 괴물 팀 박다희입니다!”

다희의 엄마 정해수는 보고 없이 멋대로 사건을 수사하다 행방

불명된 것 때문에 1개월 정직을 받았다. 그래서 또다시 괴물 팀에 특수 능력자 자리가 비게 되었고, 특수 능력자 대리인인 다희가 필요해진 것이다. 그렇게 다희는 한 번 더 괴물 수사를 맡게 되었다.

"아, 이거 미안해서 어쩌지? 이번만 마지막으로 수고해 줘, 다희야. 엄마는 정직 때문에 정식으로 사건에 참여 못 하지만, 이렇게 몰래 따라가서 도와주잖아."

"흥, 이번만이에요."

다희는 마치 귀찮은 일을 떠맡았다는 듯 팔짱을 끼고 새초롬한 표정을 지으며 말했다. 사건 현장으로 향하는 길, 차를 운전하는 아영도, 조수석에 앉은 기원도, 그리고 다희 옆자리의 해수도 다희의 들뜬 속마음을 다 알고 있었다.

덜컹덜컹, 산을 넘고 강을 지나 바다를 건너 다희 일행은 작은 섬에 있는 군부대에 도착했다. 이번에 괴물 팀에게 사건을 의뢰한 건, 극비리에 온갖 첨단 무기를 실험하는 비밀 부대였다. 그래서인지 다희 일행은 군부대에 도착하자마자 너무하다 싶을 정도의 보안 절차를 밟아야 했다. 휴대폰이며 온갖 전자 기기를 압수해서 검사하는 것은 물론이고, 본인 확인을 한다며 별의별 질문을 다 해댔다.

“다니는 학교랑 반은? 생일은? 과학 시험 점수는?”

“하늘 초등학교, 6학년 3반! 생일 10월 19일! 저번 과학 점수 100점! 아니, 이걸 언제까지 물어볼 거예요?”

처음엔 비밀 부대니까 이해하려고 했다. 그런데 3시간이나 검사 절차를 밟다 보니 다희는 예민해질 수밖에 없었다. 다희 일행 모두 사건을 조사하기 전부터 녹초가 되어 버렸다. 드디어 보안 검사가 끝나고, 다희 일행은 군부대에 들어갈 수 있었다. 그런데 군부대 안에 들어온 건 다희와 아영, 기원뿐이었다.

"어, 엄마는 어디 갔지?"

"어머님께서는 보안 절차를 통과 못 하셨습니다. 조사해 보니 특별수사청 괴물 팀은 맞지만, 이번에 정직을 당하셨다고요. 그러면 이 안에도 들어올 수 없습니다."

"뭐라고요?"

"항구에서 낚시하면서 기다리시겠다더군요. 걱정하실 건 없습니다. 부대 안에만 못 들어오지, 부대 밖 숙소는 사용하실 수 있으니까요. 거기서 쉬고 계실 겁니다."

다희와 아영, 기원은 어이없는 표정으로 서로를 바라보았다. 하지만 국가 보안 절차라니 이러쿵저러쿵 따지기도 뭐했다. 어쩔 수 없이 다희와 아영, 기원은 셋이서만 이번 사건을 맡기로 했다. 처음이자 마지막으로 엄마와 함께 사건을 해결할 걸 기대한 다희는 내심 아쉬운 기분이었다.

"부대의 사기가 말이 아닙니다. 석 달 전부터 갑자기 나타난 괴물 쥐들이 매일 같이 부대의 전선이나 수도관을 갉아 먹고 있습니다. 하루걸러 전기가 끊기거나 물이 끊기니, 실험도 제대로 진행될 리가 없지요. 거기다가 실험에 참여해야 할 연구원이나 부대를 지켜야 할 군인들까지 시설 수리에 매일 동원되고 있는 판국입니다. 이 괴물 쥐들은 덩치도 꽤 큰 데다 겁도 없어서 몇몇 연구원들은 자동차에까지 덤벼드는 쥐가 무섭다며 사표까지 낸 상황입니다."

조사를 의뢰한 수석 연구원이 미간을 찌푸린 채 다희 일행에게 자료 사진을 내밀었다. 망가진 시설 사진이나 군인들과 대치하고 있는 쥐 사진이 가득했다. 심각한 분위기에 눈치만 보는 어른들을 대신해서, 다희가 마음에 걸리는 점을 말했다.

"음, 죄송하지만, 이게 저희가 나설 일일까요? 쥐가 문제라면 쥐를 없애는 업체를 부르는 게 더 나을 텐데요."

"물론 불러 봤지요. 그렇지만 쥐 퇴치 업체가 쥐 떼를 없애도 그때뿐 며칠 지나면 괴물 쥐들이 다시 모습을 드러내 난동을 부리니 도저히 해결이 안 됩니다. 그리고…… 이게 괴물 팀과 아예 무관한 일은 아닙니다."

수석 연구원은 또 다른 자료 파일을 내려놓았다. 세 사람이 자료를 펼쳐 보니, 그 안엔 이 지역 전설에 관한 자료가 정리돼 있었다. 서도, 즉 쥐 섬의 신이라고 하여 조선 초 주민들의 섬김을 받았다는 서도신이라는 신령에 대한 자료였다.

서도신은 《동국여지승람》에 나오는 하얀 쥐 모양의 신령으로, 옛날 서흥 근처에 적군이 침입했을 때 적진에 잠입해 화살 시위를 끊어 놓는 방법으로 지역을 지킨 영웅이다.

조금 민망한지 수석 연구원은 열심히 자료를 읽는 세 사람에게 덧붙여 설명했다.

"흠흠, 사실 이 부대를 세우기 전 이 땅에 서도신을 모시는 서도 신사가 있었습니다. 토박이들이 이곳에서 쭉 제사를 지내 왔고, 제법 신통하기도 해서 가뭄이 들 때 비를 내려 달라고 빌면 종종 소원을 들어주기도 했답니다. 근데 저희가 그런 신사를 싹 밀어버리고 그 위에 부대를 지었거든요."

"아하……."

다희는 그제야 상황을 알겠다는 듯 눈을 가늘게 떴다. 그 냉랭한 시선에 수석 연구원은 더욱더 민망해하면서 떨리는 목소리로 상황을 마저 설명했다.

"물론 저도 과학자로서 이딴 소문에 휩쓸리고 싶지 않지만, 이미 부대에 서도신의 저주라는 소문이 파다하고, 윗분들은 당장 굿이라도 해서 상황을 해결하라고 난리여서…… 굿을 할 바엔 괴물 팀을 부르는 게 낫다고 생각해서…… 그래서 여러분을 불렀습니다. 제발 도와주십시오! 첨단 과학의 성지인 이곳에 무당을 부르는 짓만은 절대 하고 싶지 않습니다!"

절박한 표정을 한 수석 연구원은 다희 일행에게 무릎까지 꿇으려고 했다. 아영과 기원이 그런 수석 연구원을 말리며 위로하자, 수석 연구원은 체면도 잊고 엉엉 흐느끼기 시작했다.

"굿? 굿이라고? 21세기에 굿? 싫어어어! 내 이름으로 무당을 부를 바엔 사표 쓰는 게 더 낫다고요! 엉엉."

다희 일행은 한껏 흥분한 수석 연구원이 진정할 때까지 하소연을 들어 주어야 했다. 그렇게 한 시간이 지난 뒤에야 셋은 겨우 사무실을 빠져나와 괴물 쥐 사건 조사를 시작할 수 있었다.

"하, 서도신이라."

다희는 찌푸린 표정으로, 기원은 곤란한 듯 웃는 표정으로, 그리고 아영은 반짝이는 눈망울로 나란히 섬을 걷고 있었다. 아영은 숲을 한 번, 건너편 바다를 한 번 보고는 킥킥 웃으며 기원에게 말을 걸었다.

"잊힌 신의 저주라…… 낭만 있네요."

사건 파일 6

비밀 부대 괴물 쥐 출몰 사건

사건 개요

석 달 전부터 작은 섬에 있는 군부대에서 괴물 쥐가 나타나 부대의 전선과 수도관을 갉아 먹고 있다고 함.

제보 내용

- 오늘도 부대에서 괴물 쥐랑 마주쳤어요. 시뻘겋게 충혈된 눈에 큰 앞니가 아래위로 있는 모습은 여러 번 봤는데도 볼 때마다 놀라요.
- 쥐가 맞는 거예요? 생긴 건 쥐 같지만, 그 정도로 큰 쥐는 지금까지 보지 못했어요. 겁도 없어서 오늘은 움직이는 제 차에까지 달려들더라고요. 전 더 이상 이런 쥐가 있는 곳에서 일할 수 없어요.
- 전선을 갉아 먹은 것을 보면 이빨의 힘이 엄청난 것 같아요. 아무리 두꺼운 전선도 쉽게 끊어 버리니 뭘 하려고만 하면 전기가 끊겨 버린다고요.

피해자

◆ 이분석 씨(30세, 비밀 부대 연구원)

괴물 쥐가 갉아 먹은 수도관에서 넘친 물에 5년 넘게 연구한 연구 자료가 모두 망가짐.

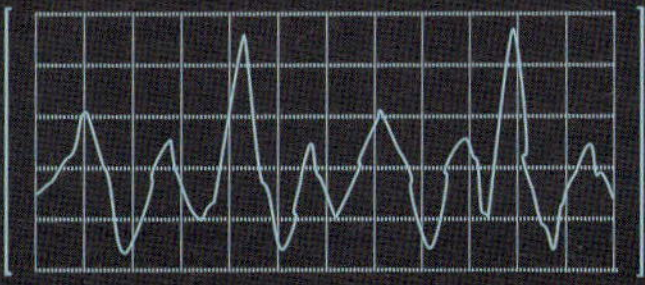

"그러게요, 왠지 추리 소설의 도입부 같기도 하군요."

두 사람은 꽤 좋은 분위기였다. 하지만 심통 난 다희가 둘 사이에 끼어들며 방해했다.

"아니, 그게 무슨 낭만이에요. 기원 아저씨도 아영 언니 말에 맞장구쳐 주지 말아요. 다른 사람들은 몰라도 우리만큼은 과학적으로 사건을 생각해야죠."

"아, 그렇죠. 미안해요, 다희 님."

"어서 논리적으로 생각하자고요. 쥐들의 정체가 뭔지, 왜 갑자기 나타났는지, 쥐 퇴치 업체를 불러도 왜 다시 나타나는지."

이렇게 쏘아붙인 뒤 다희는 긴 막대기를 주워 땅을 툭툭 치고 나무 덩굴이 있으면 한 번씩 들춰 봤다. 쥐구멍이 있나 찾아보는 거였다. 한동안 골똘히 생각하며 쥐구멍을 찾던 다희가 이어 말했다.

"흠, 전 역시 쥐 퇴치 업체가 방역을 한 뒤에도 나타났다는 점이 걸려요. 쥐들이 이 섬에서만 사는 게 아니라 밖에서 들어왔을 수도 있어요."

"제 생각도 그래요. 그러니까 쥐들이 나타났다는 3개월 전부터 이 섬에 어떤 변화가 있었는지 알아봐야 해요. 가장 의심되는 건 배인데…… 어떤 배가 주기적으로 드나들며 쥐들을 이 섬에 데려왔을까요?"

"음, 근데 조금 의문스럽긴 해요. 군부대에 드나드는 배라면 나름의 방역 체계를 갖추고 있을 텐데, 배가 들어올 때마다 그 많은 쥐가 들어왔다는 게 말이 안 되잖아요. 지금껏 뱃사람들이나 군인들이 배에서 쥐가 타고 내리는 걸 못 봤다는 것도 이상하고요."

"아, 혹시 해저 터널이 있나 물어볼까요? 최신식 연구 시설이니 연구 용품을 쉽게 옮기기 위해 해저 터널을 만들었을지도 몰라요. 배보단 거길 통해 쥐들이 들어왔다는 게 더 말이 되기도 하고요."

다희와 기원은 신이 나서 괴물 쥐들이 어떻게 섬으로 들어왔을지 추리했다. 그 사이 아영은 다희가 하던 것처럼 긴 막대기로 섬 이곳저곳을 들쑤시고 있었다. 그러다……

찍!

"앗!"

쥐의 날카로운 울음소리에 이어 아영의 비명이 터져 나왔다. 아영이 풀숲에서 쉬고 있던 쥐를 막대기로 찌른 것이다.

찌익!

화가 난 쥐가 대번에 풀숲에서 튀어나와 위협적인 소리를 냈다. 갑자기 나타난 괴물 쥐의 모습에 아영도, 다희도, 기원도 깜짝 놀랐다.

드디어 마주하게 된 쥐의 모습은 결코 평범하지 않았다. 보통 쥐보다 덩치가 두 배 큰 것은 물론이요, 아래위로 엄청나게 큰 앞니가 있는 기괴한 모습이었다. 거기에 더해 시뻘겋게 충혈된 눈과 입을 쩍 벌린 채 질질 침을 흘리는 모습까지, 괴물 쥐, 서도신의 저주라는 소문이 날 법도 하고, 군부대의 기세가 뚝뚝 떨어질 만도 했다.

찍!

"언니, 조심해요!"

쥐는 누렇고 날카로운 이빨을 드러낸 채 아영을 향해 달려들었다. 하지만 다행히 쥐보다 아영이 더 빨랐다. 아영은 그대로 허리춤에서 권총을 꺼내 쥐를 맞혔다.

탕!

쥐는 그대로 바닥에 떨어져 더는 움직일 수 없게 되었지만, 그게 끝이 아니었다.

찍! 찍! 찍! 찍! 찍!

친구의 비명을 들은 건지, 아니면 총소리에 몰려든 건지, 지금껏 보이지 않던 괴물 쥐들이 풀숲 여

기저기서 튀어나오기 시작했다.

“언니, 다 잡을 수 있죠?”

다희와 기원은 너무 겁을 먹은 나머지 서로 손을 꼭 붙잡은 채 아영의 뒤로 숨었다. 아영은 쥐들에게 총을 겨누며 대답했다.

“물론 다 잡을 수 있죠. 총알만 충분하다면.”

“잠깐, 아영 씨, 그 말은?”

“얼른 두 사람 먼저 도망가요. 여긴 제가 어떻게든 해 볼게요!”

다리가 불편한 기원과 어린 다희를 보호하기 위한 아영의 결정이었다. 아영 혼자 저 무시무시한 괴물 쥐들 사이에 두고 갈 생각에 다희와 기원은 발걸음이 떨어지지 않았다. 하지만 다른 대책이 없었다.

탕! 탕! 탕!

슬금슬금 최대한 괴물 쥐들의 눈에 띄지 않게 숲을 빠져나가는 두 사람 뒤로 연이은 총소리가 들려왔다. 부디 아영이 괴물 쥐를 다 잡을 때까지 총알이 남아 있길 두 사람은 간절히 바라며 발걸음을 빠르게 움직였다.

무사히 숲을 빠져나온 두 사람이 안도의 한숨을 쉬고 있을 때였다.

찍!

가까이서 익숙한 소리가 들려 뒤를 돌아보니 괴물 쥐가 코앞까지 따라오고 있었다. 그리고 그 앞에는 죽을힘을 다해 뛰고 있는 아영이 있었다. 금방이라도 쥐들에게 따라잡힐 것 같은 아영이 헉헉거리며 외쳤다.

"바다, 바다로 가요!"

"저 괴물 쥐들이 물속까지 따라 들어오면 어떡해요!"

"그렇다고 이대로 물릴 수는 없잖아요!"

그렇게 세 사람은 허겁지겁 물속으로 뛰어들었다. 어푸어푸 파도를 헤치고 들어간 다희는 쥐들을 향해 마구 물을 뿌려 댔다.

"저리 가, 저리 가란 말이야!"

그런데 총알도 무서워하지 않고 미친 듯이 덤벼 대던 쥐들이 물을 뿌리자 허둥지둥 흩어져 도망치기 시작하는 것 아닌가. 구름 떼처럼 나타난 쥐들은 비구름 걷히듯 한순간에 사라져 버렸다.

"하아, 하아."

쥐들이 사라지자 세 사람은 바로 옆에 있던 바위 위로 기어 올라갔다. 너무 놀라고 힘들어서 다행이란 말조차 나오지 않았다.

세 사람은 물에 젖은 생쥐 꼴이 되어 부대 밖 숙소로 돌아왔다. 해수는 '밤 산책 다녀올게.'라는 쪽지만 두고 나간 뒤였다. 그래서 다희 일행은 해수 없이 서도신 사건 회의를 시작했다. 먼저 아영이 군부대에서 들은 답을 전했다.

"여기 해저 터널은 없다고 하네요. 그리고 드나드는 배 목록을 달라고 하니까, 그건 기밀 사항이라 허가 없인 줄 수 없대요. 공개 여부를 심사하려면 빨라도 2주는 걸린다는데……."

"2주? 이 섬에 그렇게나 오래 있을 수는 없어요."

난처한 상황에 다희는 얼굴을 찌푸렸다.

오늘 괴물 쥐를 직접 만나 보니 상태가 아주 심각했다. 너무 크고 공격적이어서, 이대로라면 인명 피해가 나는 것은 시간문제였다.

'어쩌면 좋지……'

다희가 고민하던 그때, 뒤쪽에서 탁 무거운 것을 테이블 위에 올리는 소리가 났다. 돌아보니 기원이 막 노트북을 켜고 있었다. 다희와 눈이 마주치자, 기원이 활짝 웃으면서 말했다.

"자기들이 정보를 공개 안 하면 어쩔 수 없죠. 직접 털어 줄 수밖에. 한 시간만 기다려 주세요. 여기 정보란 정보는 탈탈 털어서 드릴 테니까요."

한 시간 뒤, 기원은 말한 대로 비밀 부대의 모든 정보를 찾아냈다. 거기엔 섬에 드나드는 배 목록도 있었지만, 그건 생각 외로 큰 도움이 되지 않았다. 일단 이 섬 자체에 군부대밖에 없어서 드나드는 배가 많지 않았고, 배마다 철저한 방역 절차를 거쳐서 쥐가 숨어들 수 없다는 것을 확인했다. 그러나 기원 덕분에 놀라운 것을 발견했다.

쥐 부대 프로젝트

이미 삭제된 파일이었지만, 기원이 겨우겨우 파일 몇 개를 살려냈다. 비교적 최근까지 파일이 열린 흔적이 있었다.

파일을 살펴보니, '쥐 부대 프로젝트'는 예전에 상부의 지시로 취소된 것 같았다. 그런데 이 프로젝트를 담당하던 윤기수 장군이 혼자서 몰래 프로젝트를 진행하고 있던 모양이었다. 복구된 파일에서 윤 장군이 '무기상'이라는 닉네임의 사람에게 주기적으로 큰 돈을 송금한 기록이 나왔다.

"도대체 뭘 산 걸까요?"

"쥐 부대 프로젝트란 파일명이 걸려요. 괴물 쥐 사건과 관련이 있는 게 틀림없어요."

"서도신은 적의 침입에서 마을을 구한 영웅이죠. 그 전설처럼 쥐들을 군대로 바꿀 생각이었을지도 몰라요. 실제로 오늘 본 쥐들은 몹시 공격적이고 위협적이기도 했고요."

"하지만 그래 봤자 쥐인데, 비싼 돈을 주고 살 가치가 있을까요? 탱크 한 대면 다 밟아 버릴 수 있잖아요."

"그러게요……."

고민에 빠진 다희와 아영에게 기원이 또 하나의 정보를 내밀었다.

"직접 가서 확인해 보면 돼요. 윤 장군과 무기상이 나눈 대화가 남아 있거든요. 오늘 밤, 서쪽 해안에서 접선하기로 했다네요."

"앗, 정말요?"

"네, 어서 준비하세요. 시간이 얼마 남지 않았어요."

두 사람은 서둘러 출동 준비를 했다. 군부대엔 알리지 않았다. 누가 윤 장군의 편인지 알 수 없었기 때문이다. 아영은 두둑한 여분의 탄창과 삼단봉, 소형 방패와 헬멧을 그리고 다희는 가스 분사기와 수갑, 포승줄을 잘 챙겼다. 기원은 숙소에 남아 있기로 했다. 혹시나 불편한 다리 때문에 두 사람에게 짐이 될까 봐 걱정했기 때문이다.

"다녀올게요!"

다희와 아영은 기원에게 인사를 한 뒤, 윤 장군과 무기상의 비밀 접선 장소로 달려가기 시작했다.

서쪽 해안 커다란 절벽 아래 으슥한 곳, 그곳에서 윤 장군과 무기상이 비밀스럽게 만나고 있었다. 자기를 지킬 군인 두 명만 데리고

나온 윤 장군은 몹시 초조한 기색으로 무기상을 채근하고 있었다.

“도대체 백신은 언제 줄 건가? 바이러스만 있고 백신이 없으면 쥐 부대 프로젝트는 시작할 수 없어. 그리고 왜인지 모르겠지만 자꾸 쥐들이 탈출한단 말일세. 백신도 없는데 우리 병사들이 물리면 어쩔 건가? 우리 군의 괜한 희생을 막기 위해 바이러스를 산 건데, 우리 병사가 죽으면 아무 의미가 없어!”

머리부터 발끝까지 검은 망토를 두른 무기상은 윤 장군의 벼락 같은 호통에도 꿈쩍하지 않았다. 무기상은 아주 천천히 턱을 톡톡 두드리더니, 곧 의아한 듯 질문했다.

“이상하군요. 쥐들이 그 난리를 치는데도 석 달 동안 아무도 물리지 않았단 말입니까?”

“당연하지, 우리 병사들이 어떤 병사들인데! 쥐들이 달려들면 다 끝장내고, 방역도 늘 솔선수범해서 한다고. 그렇지만 그것도 이제 한계야. 탈출한 쥐들이 엄청난 속도로 번식하고 있어. 이대로라면 희생자가 생기고 말아. 적을 공격하기 위한 광견병 바이러스가 우리 군에 퍼지게 된다면…… 안 돼! 어불성설이야! 절대 그럴 순 없어!”

‘광견병 바이러스!’

드러난 진실에 아영과 다희는 놀라 숨을 삼켰다.

광견병은 이름 때문에 개가 걸리는 병이라 흔히들 착각하지만, 사실 온갖 동물이 걸릴 수 있는 병이다. 다만 쥐, 토끼 같은 설치류는 광견병에 걸리지 않는데, 이 무기상은 쥐에게도 퍼져 나가는 변종 광견병 바이러스를 개발한 모양이었다. 어디에나 잘 숨어들고 빠르게 번식하는 쥐가 광견병의 매개체가 된다면, 그 쥐에게 물린 가축, 들짐승, 사람 들을 통해 기하급수적으로 병이 퍼져 나갈 터였다. 거기에 제때 치료를 받지 못하면 안절부절못하고 날뛰는 광견병 증상을 겪다가 죽을 게 분명했다. 그러면 나라가 큰 위기에 처하는 건 시간문제였다. 아마도 윗사람들은 그런 광견병 바이러스의 진실을 알고 쥐 부대 프로젝트를 중단시켰을 것이다. 바이러스를 무기로 만들지 않기로 세계 각국이 약속한 생물 무기 금지 협약에 우리나라도 가입했기 때문이다. 그러나 윤 장군은 아군의 희생 없이 적을 물리칠 수 있는 강력한 무기 욕심에 몰래 변종 광견병 바이러스를 샀고, 결국 이 사달이 난 것이다.

윤 장군은 무기상에게 책임지라며 그야말로 펄펄 뛰고 있었다. 하지만 무기상은 놀리듯 고개를 갸우뚱하며 피식 웃을 뿐이었다.

위생경보
재앙경보

"설마 윤 장군님, 이상하단 생각 한 번도 못 하셨습니까? 철통 보안으로 지키고 있던 쥐 실험체들이 어떻게 탈출했는지, 그리고 몇 번을 방역해도 없어지지 않고 이렇게 빠른 속도로 번식하는지."

"뭐? 그게 무슨 말이야?"

"하하, 애초에 한낱 쥐들이 철통같은 연구실을 어떻게 탈출합니까. 윤 장군님, 당신 쥐들은 처음부터 탈출한 적이 없습니다. 제가 실험을 위해 쥐 떼들을 정기적으로 이 섬에 풀어놓은 것뿐이죠. 아직 인체 실험을 못 했거든요. 사람이 이 변종 바이러스에 감염되면 죽기까지 얼마나 시간이 걸리는지, 또 광기는 어느 정도인지 확인하는 것이 필요했죠. 그래서 이 군부대에 쥐들을 풀어놓은 겁니다."

"뭐, 뭐야! 감히 네 놈이!"

윤 장군이 화를 참지 못하고 품에서 총을 꺼내 든 순간, 바위 뒤에 숨어 있던 무기상의 부하들이 튀어나와 윤 장군과 두 명의 군인을 눈 깜짝할 사이에 제압했다. 무기상의 부하들은 하나같이 무시무시한 도깨비 가면을 쓰고 있었다. 도깨비 가면을 본 순간, 다희와 아영은 등골이 서늘하며 소름이 쫙 돋는 것을 느꼈다.

'저 무기상은 분명히…….'

다희의 기억 저편에 있던 것이 떠오르려던 순간이었다.

"윤 장군을 놔줘, 빨간 도깨비!"

지금껏 바위 뒤에서 상황을 지켜보고 있던 아영은 서둘러 총을 든 채 밖으로 뛰어나갔다. 아영이 이름을 부르기가 무섭게 무기상은 기다렸다는 듯 망토를 벗어 던졌다. 무시무시한 붉은 가면을 쓴 남자, 독각과 생사귀 사건을 일으킨 빨간 도깨비였다.

"그래, 너희들이 온 건 이미 알고 있었어. 이아영, 박다희."

"당장 무기를 버리고 항복해! 그러지 않으면 너희 모두를 쏴 버리겠어!"

"어련하겠어? 올림픽 영웅, 신궁인 이아영은 우리 몇 명 정도는 눈 깜짝할 사이에 쏴 버리겠지. 하지만 네가 정말 그렇게 할 수 있을까?"

빨간 도깨비는 부하들이 숨어 있던 바위를 향해 고갯짓을 했다. 그러자 그 뒤에서 두 사람이 더 나왔다. 한 명은 도깨비 가면을 쓴 빨간 도깨비의 부하였고, 다른 한 명은……

"기원 아저씨!"

손목이 꽁꽁 묶인 채 머리에 총이 겨눠진 기원이었다. 기원은 잡혀 오는 과정에서 심하게 저항한 건지 온몸이 상처투성이였다. 그럼에도 두 사람을 보자 필사적으로 소리쳤다.

"아영 씨, 다희 님, 저는 신경 쓰지 말고 쏴요! 저는 어떻게 되든 상관없……"

"조용히 해!"

기원이 미처 말을 마치기도 전에 빨간 도깨비의 부하가 기원의 등을 발로 차 버렸다. 퍽 소리와 함께 기원은 힘없이 쓰러지고 말았다.

"기원 씨!"

그 참담한 모습을 보고 창백해진 아영이 비명을 질렀다. 빨간 도깨비는 이 상황이 만족스러운 듯 큰 소리로 하하하 웃었다.

"내가 너희 약점을 알고 있다면 어떨까? 최기원 연구원, 이 사

람이 너희의 소중한 사람인 건 이미 알고 있다. 조금이라도 허튼짓하면 최기원은 죽는다. 자, 알았으면 총을 버리고 손들어!"

괴로운 표정을 한 다희와 아영은 고개를 떨어뜨렸다. 절체절명의 상황이었다.

'훌륭한 수사관이라면 이럴 때 어떻게 했을까? 기원 아저씨를 희생시키고 나머지 사람들의 목숨을 구했을까?'

다희는 머릿속에서 상황을 하나하나 따져 보기 시작했다. 기원을 희생시키면 다른 모두가 살 수 있으니, 합리적인 선택처럼 보였다. 그러나 도저히 그런 선택을 할 순 없었다. 결국 다희와 아영은 서로 슬픈 눈짓을 주고받은 뒤 총을, 그리고 가스 분사기를 내려놓고 무릎을 꿇었다. 그 모습을 본 빨간 도깨비는 천 년 묵은 체증이 내려간 것처럼 속 시원하게 웃어 댔다.

"하하하! 드디어 꼴 보기 싫은 인간들을 멸종시킬 수 있게 됐다!"

빨간 도깨비는 다희와 아영의 앞으로 걸어가, 승리자의 여유를 부리며 자신의 계획을 늘어놓았다.

"윤 장군에게 받은 돈으로 이미 전국에 풀어놓을 광견병 쥐를 수백만 마리 길러 뒀거든. 인간은 본래 악하게 태어났고, 지구와 다른 생물에게 가장 큰 피해를 끼치는 쓰레기야. 살아 있을 가치가 전혀 없는 생물이지. 최고의 수사관 박다희랑 이아영이 내 앞에 무릎을 꿇었으니, 이제 아무도 나를 막을 수 없어. 내일부터 진짜 인류 멸망이 시작된다!"

그 이야기를 들은 다희와 아영은 절망했다. 내일 변종 광견병 바이러스에 걸린 쥐 수백만 마리가 전국에 풀린다면, 바이러스가 대한민국은 물론, 곧 전 세계로 퍼져 나갈 터였다. 그러면 빨간 도깨비 말대로 정말 인류가 멸망할지도 몰랐다.

누구도 빨간 도깨비를 막을 수 없을 것 같던 그때, 바람을 가르는 날카로운 총소리가 울렸다.

탕! 탕! 탕! 탕!

깔끔한 네 발의 총성과 함께 빨간 도깨비와 부하들이 비명을 지르며 뒤로 넘어졌다.

"억! 이게 무슨……."

네 발의 총알은 빨간 도깨비 무리 모두의 오른팔을 맞혀 다들 총을 놓쳐 버렸다. 총소리가 난 곳을 찾아 두리번거리던 사람들은 곧 빨간 도깨비의 부하들이 숨어 있던 커다란 바위 위에 서 있는 사람을 발견했다. 키가 큰 단발머리의 여자, 모두 그 사람을 자세히 보기 위해 눈살을 찌푸렸다. 모두의 시선이 자신에게 쏠리자, 그 사람은 조금 민망한 듯 얼굴을 긁으면서 말했다.

"아니, 듣자 하니까 조금 이상한 점이 있어서."

"너, 너는 누구야!"

"최고의 수사관이 왜 박다희랑 이아영이야? 걔들은 아직 멀었지."

다희와 아영은 금세 그게 누군지 알아차렸다.

"엄마!"

해수는 장난스러운 미소를 지으며 모두에게 선언하듯 말했다.

"나, 정해수가 있는데. 내가 요지부동, 만고불변의 괴물 팀 넘버원이야!"

"으윽, 정해수! 오늘의 원한은……."

해수는 빨간 도깨비가 말을 끝마칠 시간조차 주지 않고 다희와 아영에게 명령했다.

"얘들아, 일어나서 정리해라!"

그 말을 듣기가 무섭게, 다희와 아영은 자리에서 벌떡 일어나

빨간 도깨비 일당을 체포하기 시작했다. 빨간 도깨비는 마지막까지 도망치려고 애썼지만, 결국 아영에게 붙잡혔다.

서도신 사건은 뜻밖의 큰 수확을 남기고 종결되었다. 해수는 다희 일행이 군부대에 있는 동안 낚시하는 척하며 섬에서 벌어지고 있는 일들을 파악했다. 그 덕분에 빨간 도깨비의 계략을 알아차릴 수 있었던 것이다.

사건을 해결하는 것에 큰 공을 세운 해수는 징계가 취소되었다. 빨간 도깨비는 이번 사건뿐만 아니라 지금껏 벌인 여러 테러 사건에 대한 재판을 받게 되었다. 윤 장군 또한 폐기된 쥐 부대 프로젝트를 혼자 몰래 진행해 세금을 낭비하고, 국가를 큰 위험에 빠뜨린 죄를 물어 불명예 제대는 물론, 재판도 받게 된다고 했다.

다시 평화로운 날들이 찾아왔다. 눈부시게 화창한 오후, 다희와 아영은 꽃을 들고 어딘가를 찾아갔다. 바로 이번 서도신 사건 때 다쳐서 입원 중인 기원의 병실이었다.

"아이참, 뭐 하러 이런 걸 사 왔어요. 별로 크게 다친 것도 아닌데."

"병원에 빈손으로 올 순 없잖아요."

아영은 민망한지 괜히 투덜거렸다.

"고마워요. 두 분 덕택에 병실이 환해졌네요."

기원은 꽃병에 꽂힌 꽃을 보고 싱긋 미소 지었다.

드르륵. 드르륵.

갑자기 다희의 휴대폰 진동이 울렸다.

"네, 특별수사청 괴물 팀 박다희입니다."

경기도에 새로운 괴물 사건이 발생했어요. 다희 님, 출동 가능한가요?

"네, 금방 출동하겠습니다!"

"다희 님, 지금 괴물 사건에 출동한다고 한 거예요? 서도신 사건을 끝으로 다희 님은 이제 괴물 사건 현장에는 안 갈 줄 알았는데……."

놀란 토끼 눈을 한 아영이 물었다. 기원의 눈 크기도 아영에 못

지않았다. 두 사람의 반응에 머쓱한지 다희는 어깨를 으쓱이며 말했다.

“엄마가 최고의 수사관인 건 인정할 수 없으니까요. 최고의 수사관은 누가 뭐래도 나랑 아영 언니예요.”

아영은 솟구쳐 오르는 감동을 참지 못하고 다희를 꼭 끌어안았다. 저도 모르게 너무 세게 끌어안아서, 다희는 아영의 품속에서 꽥 비명을 지를 수밖에 없었다. 다희, 아영, 그리고 기원까지 괴물 과학 수사대 최고의 팀 이야기는 아직 더, 더 많이 남아 있었다.

마을을 지켜 주는 **슈퍼 히어로 쥐**가 있다?

마을을 구한 쥐 섬의 신

조선 시대의 지리서 《동국여지승람》에는 황해도 서흥에서 주민들의 섬김을 받았던 '서도신' 이라는 신령에 관한 전설이 나옵니다. 옛날 서흥에 적군이 침입했을 때 서도신이라는 사람이 흰 쥐로 변신해서 밤에 몰래 적진으로 들어갑니다. 적군들이 잠자고 있는 틈을 타 서도신은 활의 시위를 이빨로 갉아 끊어 놓지요. 무기가 망가져 싸울 수 없게 된 적군은 싸움을 시작하지도 못하고 돌아가 버립니다. 그런데 희한하게도 서도신은 마을을 구한 뒤 나장산의 바위 구멍으로 들어가 나오지 않았다고 합니다. 그렇게 바위 구멍에서 1년 동안 있던 서도신은 신령으로 변해 마을 사람들의 섬김을 받았다고 하지요. 기록에는 서도신을 모시는 곳을

'서도신' 전설이 나오는 《동국여지승람》은 조선 전기 성종 때 우리나라 각 지역의 지리, 인물, 풍속 따위를 기록한 지리책입니다. 이후 몇 년에 걸쳐 내용을 수정하고 덧붙여 중종 때 55권 25책으로 이루어진 《신증동국여지승람》을 완성했어요.

서도 신사라고 불렀다고 나와 있습니다. 마을에 가뭄이 들었을 때 서도 신사에서 비를 내려 달라고 빌면 이뤄지기도 했다고 합니다.

예전부터 쥐는 부정적인 평가와 긍정적인 평가를 함께 받는 동물입니다. 특히 농작물이 중요했던 예전에는 농작물을 해치고 병을 옮기는 쥐를 나쁘게 보는 경우가 많았습니다. 정월 대보름 전날에 작물을 해치는 쥐를 쫓기 위해 쥐불놀이를 하는 것과 '쥐뿔도 모른다.', '독 안에 든 쥐'와 같은 속담에서 확인할 수 있지요. 반면에 쥐는 위험을 내다보고 물리치는 존재로 여겨지기도 했습니다. 우리나라에서 쥐가 나오는 첫 번째 기록으로 여겨지는 《삼국유사》 사금갑 설화는 쥐 덕분에 위기를 모면하는 내용입니다. 이후 해안 지방에서는 뱃길의 위험을 알려 주는 쥐를 모신 사당인 쥐 서낭을 섬긴다고 하지요. 서도신 이야기도 쥐를 위험을 내다보고 물리쳐 주는 수호신으로 봤어요. 이는 마을의 평안과 안전을 바라는 조상들의 마음에서 비롯된 것으로 보입니다.

||| ▸▸▸▸▸▸▸

정말 괴물 쥐가 있을까?

보통 쥐보다 덩치가 두 배나 크고, 아래위로 엄청나게 큰 앞니가 있는 괴물 쥐가 실제로도 있습니다. 바로 '뉴트리아'입니다.

주로 남아메리카에 사는 뉴트리아는 쥐와 비슷하게 생겼지만, 몸길이가 최대 60센티미터에 달하고 몸무게는 10킬로그램이 넘는 대형 설치류입니다. 거대한 몸집에 앞으로 튀어나와 있는 주황빛의 긴 앞니, 그리고 몸길이에 비견되는 긴 꼬리 탓에 '괴물 쥐'라고도 불리지요.

뉴트리아

우리나라에서도 뉴트리아를 볼 수 있습니다. 부드럽고 내구성이 뛰어난 뉴트리아의 모피를 얻고, 식용으로도 쓰기 위해 1980년대에 수입해 왔거든요. 하지만 모피 반대 운동이 벌어지고, 고기도 인기가 없자, 뉴트리아를 키우던 농장에서 뉴트리아를 방치하고 야생에 버리고 맙니다. 임신 기간이 짧고 한 번에 열 마리까지 새끼를 낳을 수 있는 뉴트리아는 야생에서 매우 빠른 속도로 수가 늘어나게 되지요. 외국에서 들어온 종이라 천적도 없어 뉴트리아는 낙동강 유역에서 최상위 포식자가 됩니다. 그렇게 낙동강 습지의 수생 식물들을 마구 먹어 대며 우리나라 생태계를 교란하는 천덕꾸러기가 되고 말지요. 사태가 심각해지자 우리나라에서는 2009년 뉴트리아를 생태계 교란 종으로 지정하고, 뉴트리아 집중 퇴치 전담반을 운영하며 뉴트리아를 꾸준히 잡아들이고 있습니다.

호기심 과학 Q&A

광견병이 뭔가요?

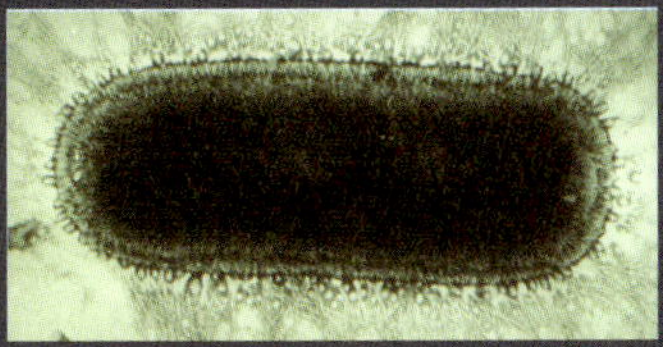
전자 현미경을 통해 본 광견병 바이러스

광견병은 광견병 바이러스를 가지고 있는 동물에게 물리면 걸리는 병이에요. 이 병에 걸리면 물을 무서워하기 때문에 공수병이라고도 하지요. 주로 사람이 걸리면 공수병이라고 하고, 동물이 걸리면 광견병이라고 합니다.

광견병 바이러스는 야생 동물이 갖고 있는 경우가 많아요. 그러나 쥐나 다람쥐, 토끼 같은 설치류는 광견병 바이러스에 감염되지 않습니다. 사람은 주로 개에게 물려 감염되는데, 점막이나 상처를 통해 광견병 바이러스가 들어오거나, 광견병에 걸린 사람의 장기를 이식받아서 감염되기도 해요. 광견병에 걸리면 중추 신경계에 이상이 생겨 대부분 사망에 이릅니다.

바이러스를 무기로 사용하는 것은 왜 금지되었나요?

생물 무기란 세균이나 바이러스 같은 것을 활용하여 만든 무기를 말해요. 만들기 쉽고, 비용이 적게 들면서, 적은 양으로 큰 효과를 내서 대량 살상 무기로 활용되지요. 눈에 보이지 않는 세균이나 바이러스가 들어 있는 생물 무기를 쓰면 전염병이 순식간에 퍼지고, 제어하기도 힘들어서 더 큰 문제로 번지게 됩니다. 그래서 1975년 생물 무기를 만드는 것을 막는 생물 무기 금지 협약이 체결되었어요. 1987년에 우리나라도 이 협약에 가입했습니다.

초판 1쇄 인쇄 2024년 7월 24일
초판 1쇄 발행 2024년 8월 16일

글쓴이 곽재식, 강민정
그린이 박그림
펴낸이 최순영

교양 학습 팀장 김솔미 **편집** 김나연
키즈 디자인 팀장 이수현 **디자인** 박진희

펴낸곳 ㈜위즈덤하우스 **출판등록** 2000년 5월 23일 제13-1071호
주소 서울특별시 마포구 양화로 19 합정오피스빌딩 17층
전화 02) 2179-5600 **내용문의** 02) 6748-3802
홈페이지 www.wisdomhouse.co.kr **전자우편** kids@wisdomhouse.co.kr

ISBN 979-11-7171-240-3 74400

사진 출처
34쪽 고려사절요(국가유산청) **36쪽** 코뿔소(shutterstock) **37쪽** 가축 양(shutterstock), 큰뿔야생양(shutterstock) **60쪽** 삼국유사 권4~5(한국민족문화대백과사전) **62쪽** 조지 윌리엄 맨비(Wikipedia) **63쪽** 은박지 반사판(shutterstock) **85쪽** 중종실록(오대산본) 표지(한국민족문화대백과사전) **86쪽** 로지 〈WHO I AM〉 앨범 표지(@rozy.gram) **87쪽** 인공 지능(shutterstock) **114쪽** 해동역사(한국민족문화대백과사전) **116쪽** 문어(pixabay) **117쪽** 독일셰퍼드(Wikipedia) **143쪽** 제주 칠머리당(국가유산청), 띠배(국가유산청) **144쪽** 토마스 에디슨(Wikipedia) **145쪽** 전자파(By Tatoute and Phrood~commonswiki - Unknown source, CC BY-SA 3.0, https://commons.wikimedia.org/w/index.php?curid=504689) **181쪽** 신증동국여지승람(국립중앙박물관) **182쪽** 뉴트리아(By Alpsdake - Own work, CC BY-SA 3.0, https://commons.wikimedia.org/w/index.php?curid=18776804) **183쪽** 광견병 바이러스(By Norden, a Smith-Kline Company - https://wildlife-damage-management.extension.org/disease-rabies/, CC BY-SA 4.0, https://commons.wikimedia.org/w/index.php?curid=118066702)